D1856822

»Kinder sind Kinder«, Band 19

Hermann Liebenow

Taschengeld & Co

So lernt Ihr Kind sparen und ausgeben

Mit Zeichnungen von Manfred Bofinger

Stadtbücherei
Ausgemustert
Stadtbücherei
– City-Center –
Robert Bosch Str. 62
61184 Karben

Ernst Reinhardt Verlag München Basel

Hermann Liebenow, Dipl.-Psych., St. Johann-Würtingen. Seit 1980 Leitung der kommunalen Erziehungsberatungsstelle in Münsingen. Mitbegründung der Münsinger „Elternschule". Informationen zu seinen Vorträgen finden Sie im Internet: http://www.familienschule.de

Umschlaggestaltung: Unter Verwendung eines Fotos von Getty Images / Tony Stone

Stadtbücherei - 3. Feb. 2005
Stadtbücherei Pädagogik, Ratgeber
Robert Bosch Str. 62 280/15 Familie
61184 Karben
Ausgemustert

Die Deutsche Bibliothek – CIP-Einheitsaufnahme

Liebenow, Hermann:
Taschengeld & Co : so lernt Ihr Kind sparen und ausgeben / Hermann Liebenow. Mit Zeichn. von Manfred Bofinger. – München ; Basel : E. Reinhardt, 2002
(Kinder sind Kinder ; Bd. 19)
ISBN 3-497-01609-8
ISSN 0720-8707

© 2002 by Ernst Reinhardt, GmbH & Co KG, Verlag, München

Dieses Werk, einschließlich aller seiner Teile, ist urheberrechtlich geschützt. Jede Verwertung außerhalb der engen Grenzen des Urheberrechtsgesetzes ist ohne schriftliche Zustimmung der Ernst Reinhardt GmbH & Co KG, München, unzulässig und strafbar. Das gilt insbesondere für Vervielfältigungen, Übersetzungen in andere Sprachen, Mikroverfilmungen und für die Einspeicherung und Verarbeitung in elektronischen Systemen.

Printed in Germany

Ernst Reinhardt Verlag, Postfach 38 02 80, D-80615 München
Net: www.reinhardt-verlag.de Mail: info@reinhardt-verlag.de

Inhalt

Vorwort

Die allermeisten Kinder benennen aus dem Stand Freundinnen und Freunde, die angeblich weit mehr Taschengeld erhalten als sie selbst. Aber auf die Frage „Was ist Geld?“ antworten sie wahrscheinlich nur, dass man damit was kaufen könne.

Die allermeisten Jugendlichen wissen genau, wie und wo sie ein Handy erhalten könnten. Günstige Telefontarife jedoch sind ihnen nur geläufig, sofern sie ihre Telefongebühren selbst begleichen müssen.

Junge Erwachsene träumen von tollen Jobs und leichten Spekulationsgewinnen. Aber wie sie Überschuldung vermeiden können, wissen sie nicht.

Ich schildere und empfehle in diesem Buch die *entwicklungsgemäßen* Gelderfahrungen:

- zunächst mit dem scheinbar magischen Taschengeld umgehen
- dann durch mühsame Zuverdienste und gezielte Zulagen ein reelles Wert-Verständnis entwickeln
- später vorsichtig mit nur wenig Kapital spekulieren
- schließlich Komplikationen des modernen Geldumgangs bewältigen
- und als selbstständige Persönlichkeit mit den Fragwürdigkeiten des Finanzsystems zurecht kommen.

Kurze Beispiele und Anekdoten zeigen die Ähnlichkeit der persönlichen und der historischen Entwicklungslogik des Geldumgangs. Das macht den Ratgeber auch für die Erwachsenen selbst interessant.

Hervorgehobene Merksätze bündeln grundlegende Ansichten und Empfehlungen.

Literaturangaben und Internetadressen führen interessierte LeserInnen weiter.

Regen Sie ihre Kinder an, die empfohlenen Jugendbücher und Internetseiten zu lesen. So kommen Sie leichter miteinander in die notwendigen Gespräche über das Geld.

Meine Empfehlungen geben wieder, was in den meisten Familien „klappt".

Meine Vorschläge für altersgemäße Beträge bei Taschengeld und Zuverdiensten finden Sie auf Seite 91.

Die junge Generation wird neue finanzielle Herausforderungen bewältigen müssen und andere Chancen nutzen können als wir. Dennoch prägen die heutigen Gelderfahrungen, wie die jungen Persönlichkeiten zukünftig mit ihrem Geld umgehen werden. Und darauf haben wir erzieherischen Einfluss.

1 „Zaster"-Lehre

In Deutschland fließen jährlich etwa 10 Milliarden Euro aus Taschengeld, Sparguthaben, Geldgeschenken und Job-Verdiensten durch die Hände der 6–17-Jährigen.

Tabelle 1: Durchschnittlich verfügbare Geldmenge nach Alter. Geldgeschenke zum Geburtstag und zu Weihnachten sowie Sparguthaben gemäß KidsVerbrauchsAnalyse 2000. Etwas 1/3 der 16-Jährigen verdienen sich knapp 2 Milliarden Euro hinzu.

Alter	Taschengeld	Zusatzverdienste	Geld-geschenke	Spar-guthaben
6	€ 1,– wöchentl.	zugestecktes Kleingeld	€ 2,–	keines
9	€ 6,– 14-tägig	kleine Belohnungen	€ 75,–	€ 350,–
12	€ 20,– monatl.	€ 5,– aus Hausjobs	€ 115,–	€ 500,–
16	€ 35,– monatl.	€ 45,– aus Nebenjobs	€ 175,–	€ 700,–
18	€ 50,– monatl.	Lehrgeld, Studentenjobs	variiert sehr stark	variiert sehr stark

Grundschulkinder kaufen für etwa 2/3 ihres Taschengeldes Süßigkeiten, vor allem Bonbons, Kinderschokolade und Fruchtgummis. Für beachtlich wenig Taschengeld wird Spielzeug gekauft. Jugendliche geben insbesondere für Kino, Veranstaltungen, und Bekleidung Geld aus.

Mindestens so viel wie die Kids selbst geben Eltern den Wünschen ihres Nachwuchses gemäß aus. Nur 8 % der Mütter setzen sich gegen den Wunsch nach Schokoriegeln durch, weisen Branchenkenner nach.

Millionenschwere Werbekampagnen wecken Bedürfnisse. Knax-Heftchen locken die zukünftigen Kunden an Bankschalter. In Spielfilmen platzierte Produkte vermitteln den Markennamen ein verkaufsförderliches Image. Jugendmode und Trendkleidung bewirken Konsum-

Seit etwa 3000 Jahren gibt es in Europa Münzgeld. Schon vor 2000 Jahren schrieb der Römer *Publius Syrus*, dass Geld die Welt regiere. Seit etwa 1000 Jahren können größere Beträge bargeldlos verbucht werden. Neuerdings bewältigt das Internet weltweiten Geldtransfer ohne jede Zeitverzögerung.

Der englische Bischof George Berkeley fasste die Geldentwicklung 1737 in Fragen zusammen:

„War der erste Schritt in der primitiven Ursprungsgesellschaft nicht der Austausch von Waren, der nächste Schritt das Ersetzen der Ware durch abgewogene Metalle als gebräuchliches Umlaufmittel, danach der Gebrauch von Münzen und der letzte Schritt eine weitere Verfeinerung durch die Verwendung von Papier mit richtigen Aufschriften und Unterzeichnungen? Und stellte dieser letzte Schritt nicht die größte Verbesserung dar?" (Zarlenga 1999, 232).

Und müssten wir heute die Liste nicht fortführen mit Fragen nach Wertpapieren, Plastikgeld und Zahlenkolonnen im weltweiten Computerhandel?

druck. Und in Comics preist beispielsweise eine attraktive Linda jungen Gehaltsempfängern sicher berechenbare Kapitalanlagen an.

Erstaunlicherweise entspricht die historische Ausbildung des Geldwesens in Europa weitgehend der Art und Weise, wie Menschen psychisch in den Umgang mit Geld hineinwachsen: Vom Tausch gesammelter Schmuckstücke über den Kauf mit goldähnlichen Münzen und mühsam verdientem Arbeitslohn bis zur abstrakten Verrechnung extrem hoher Geldbeträge.

Weiterlesen? Zum Beispiel Zarlenga, S. (1999): Der Mythos vom Geld – die Geschichte der Macht. Conzett, Zürich.
Ein historischer Überblick unter dem Aspekt, dass die Golddeckung des Geldwertes eigentlich nicht notwendig sei.

Geld reizt

Wozu verfügt Software-Gigant Bill Gates über ein größeres Vermögen als der Karibikstaat Haiti?

Weshalb provozieren die Welt-Währungs-Gipfel alljährlich gewalttätige Demonstrationen?

Können tatsächlich immer nur andere an der Börse reich werden?

Verführen Models auf Werbeplakaten auch mich zu leichtfertigem Geldausgeben?

Kann ich mir meiner Ersparnisse auf der Bank eigentlich sicher sein?

Lebt der agile Anlageberater hinter seinem Schreibtisch vielleicht von meinen Gebühren statt von den Profiten seiner Tipps?

Was bedeutete eine neuerliche Ölkrise für unsere Finanzplanung?

Der römische Silberdenar von 269 v. Chr. wurde im Tempel der Schutzheiligen des Staates, der *Juno Moneta* (moneta = die Warnende) geprägt. Die Göttin hatte ihren Beinamen erhalten, nachdem im 4. Jahrhundert vor Christus die heiligen Gänse ihres Tempels laut schnatternd einen nächtlichen Angriff der Gallier gemeldet hatten.

Unsere „Moneten" und das engliche *money* erinnern an die Warnung.

Wie schützt man sich vor einer privaten Überschuldung, der knapp 3 Millionen deutscher Haushalte erlegen sind? Muss unsere Ehe wirklich an den unterschiedlichen Vorstellungen, was wir mit unserem Geld machen sollten, scheitern?

Macht Geld wirklich nicht glücklicher?

1939 bekam Opa Karl, wenn der Kirchmarkt das einzige Mal im Jahr ins Dorf kam, 50 Pfennige. Die reichten für eine große Tüte voller Bonbons sowie zwei Lakritzstangen und bereiteten ihm größte Freude.

Damals erhielt seine Mutter im Laden für das gleiche 50-Pfennig-Stück 10 Salzbrezeln, die heute knapp 5,– € kosten, für die es inzwischen 3 Bonbontüten und 4 Lakritzschnecken gäbe.

Opa Karls Enkel bekommen nunmehr im Erlebnispark nicht nur einen Eisbecher spendiert, sondern obendrein lassen die Erwachsenen weitere 15,– € für Achterbahnen und Sonstiges springen. Da kommt Freude auf!

Mehr als 1939 durch das kleine 50-Pfennig-Stück?

Und umgekehrt? Testen Sie mit Kindern die Frust-Preise.

Mutter Mareike und ihre Kinder listen jeder für sich seine letzten drei Ärgernisse auf. Dann bekommt jedes Kind sein Taschengeld in kleinen Münzen vorgelegt. Die Mutter erhält das Doppelte von der Taschengeldsumme ihres ältesten Kindes.

„Wie viel von deinem Taschengeld würdest du geben, um die einzelnen Ärgernisse zu vermeiden?"

Die Kinder wägen sehr individuell ab, welchen Frust zu ersparen ihnen wie viel wert wäre. Mutter Mareike ist mal gerührt und mal völlig verwundert. Und erkennt auch ihre eigenen Frust-Wertigkeiten.

Dieselbe Erkundung funktioniert auch mit den „Freikaufpreisen" für häusliche Aufgaben, beispielweise das Abtrocknen. Wahrscheinlich betreiben die Kids mit ihren Diensten ohnehin Tauschhandel untereinander.

Keine Sorge: Das Spiel weckt keine Illusionen, dass Geld den Frust oder die Dienstnotwendigkeiten tilgen könnte, im Gegenteil. Die Kinder erkennen dadurch deutlicher, dass eben dies nicht geht.

Obgleich uns das Geld reizt, ängstigt und erfreut, werden Wissenschaftler niemals ein Geld-Gen finden. Denn Geld ist kein Mittel der Natur. Es ist eine soziale Erfindung, wie das Rad eine technische ist. Gleichermaßen nützlich für den Handel von Brot und Waffen, wie das Rad für deren Transport. Nicht mehr wegzudenken aus der zivilisierten Welt.

Aber weil Geld ein gesellschaftliches Betriebsmittel ist, müssen wir politisch entscheiden, wie es uns dienen soll. Und weil der Umgang damit nicht angeboren ist, sollten wir Kinder lehren, persönlich sinnvoll damit umzugehen.

Verwahrt Jakob seine Kröten in einem Portemonnaie oder klimpert es in diversen Hosentaschen? Sammelt Johanna ihre Moneten in einer Spardose oder überlässt sie die Verwahrung der Mutti? Jobbt, die/der Jugendliche, oder wird nur die Oma um

Geld gebeten? Wird gegen die Langeweile eine Schachtel Zigaretten gekauft oder eine Zeitschrift? Führen die Eltern ein Haushaltsbuch, oder zanken sie sich, wo das Geld geblieben sei?

Es ist Ausdruck von Persönlichkeit, ob man das Gesparte für einen Urlaub ausgibt oder in einen sparsameren Dieselmotor investiert. Es bildet die Persönlichkeit anders weiter, wenn man sein Geld lieber konsumiert statt es für humanitäre Zwecke zu spenden oder in die Weiterbildung zu investieren.

Vier Lernstränge

Bevor sich eine soeben volljährige junge Person innerhalb weniger Wochen für viele Jahre überschuldet, sollte sie gelernt haben, zielbewusst und entscheidungskräftig mit Geld umzugehen, also ihre Geld-Persönlichkeit ausgebildet haben.

Man lässt schon die ganz Kleinen mit klimpernden Münzen hantieren wie mit bunten Steinen, die man ebenfalls nicht in den Mund stecken darf. Etwas Größere schieben die Gold- und Silberlinge aus Mutters Geldbörse auf dem Tisch zu Häufchen hin und her – wie die Erwachsenen an der Ladenkasse. Kindergartenkinder dürfen auch schon mal einige magischen „Kriegen-Macher" über die Theke reichen und bekommen dafür, was sie wählten. Faszinierend!

Kim staunt, dass sie am Kiosk für ihren Euro in der Hand das gleiche Rieseneis erhält wie der große Bruder für seinen Euro und wie die allmächtige Mutter für den ihren und die anderen Leute in der Reihe auch. Die Kinder beobachten genau, aber das verwirrt sie auch.

Denn als Kims großer Bruder kürzlich 5,– € von seinem Gesparten abheben durfte, bekam er einen Schein, obgleich er einige Zeit zuvor lauter Münzen aus der Sparbüchse auf die Bank gebracht hatte. Wo also stecken die Münzen?

Geld fordert die kindliche Phantasie heraus: Man holt die Scheine aus dem Schlitz – sicherlich rattert dahinter ein Drucker. Man gibt Gespartes ab – vermutlich kommt es mit Namenszetteln in Tresore. Und mit der Karte wird gezahlt und überwiesen – irgendwie muss das Geld durch die Telefonleitungen rutschen.

Karims Vater zahlt an der Tankstelle Sprit und Schokoriegel per Karte. Keine einzige Münze wandert über den Tisch. Die Karte sieht hinterher aus wie früher.

Gestern noch musste der 7-jährige Karim für einen Schokoriegel all seine Münzen herüberreichen. Also fragt er, warum der Vater kein Geld braucht. Dieser erklärt ausführlich: „Ja, du weißt doch, unser Geld liegt auf der Bank. Die Karte meldet jetzt von hier, wie viel wir zahlen müssen, und die Bank überweist das Geld dann an die Tankstelle."

Karim hat es gehört, doch nicht begriffen. Aber er nickt verständig und merkt sich die Formulierung „Geld wird überwiesen".

Kim und Karim werden das Kaufen und Verkaufen nachahmen, ohne zu ahnen, woher das Geld kommt. Sie werden mit etwa 8 Jahren das Rückgeld errechnen können, ohne bereits eine Vorstellung vom Entstehen der Preise zu haben. Und sie werden erfahren, dass Geld entweder da ist oder fehlt, egal wie stark die Bedürfnisse gerade sein mögen.

Eltern sollten also den Geldgebrauch vormachen und ausprobieren lassen, vor allem mit dem Taschengeld.

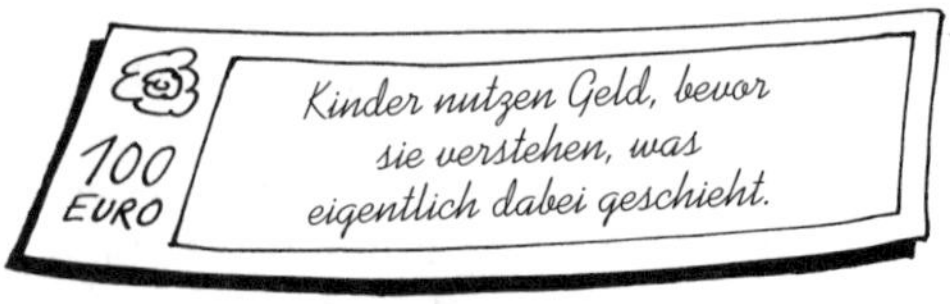

Ältere Kinder und Teenager sollten allmählich erfahren, dass und wie Geld erarbeitet wird, ohne dass die Hoffnungsbäume in den Himmel wuchern. Bis sie in etwa verstanden haben, wie Fleiß und Können das Einkommen bestimmen. Also zuverdienen, handeln und jobben lassen.

Und es dauert weitere Jahre, bis junge Leute den Komplex von Geld-Bedürfnis-Arbeit-Produktion-Handel wenigstens so weit verstehen, dass sie gewinnträchtig Kapital anlegen und effizient Kredit aufnehmen könnten. Lassen Sie Ihre Kinder das schon probieren, solange Sie noch schützend erklären können, damit die bald Volljährigen gegen Spekulationsangebote oder Kredithaie gewappnet sind.

Letztlich werden Ihre Kinder – wie auch Sie und ich – lebenslang immer wieder Neues lernen und dennoch das Geldwesen nie vollständig verstehen.

Die Darmstädter Psychologin Annette Claar veröffentlichte 1990 eine ausführliche Literaturdiskussion sowie die Ergebnisse ihrer eigenen Forschung. Sie hatte mit vorbereiteten Fragen das Geldverständnis von je 16 etwa 10-, 15- und 19-Jährigen erfragt. Demnach benützen Kinder finanzielle Begriffe, die sie noch gar nicht verstehen. Das erschwert die Finanzerziehung erheblich.

Im Buch „Was kostet die Welt? Wie Kinder lernen, mit Geld umzugehen" stellte Claar 1996 ihre Ergebnisse und Überlegungen populärwissenschaftlich dar.

Das Lebensglück entstammt sinnvoller Betätigung, nicht bloßem Konsum. Kinder spüren dies genau. Ein Kinderzimmer mag überquellen von Plüschtieren und Zehn-Minuten-Spielzeugen. Aber Nachbars Rumpelkammer fordert mehr beglückende Kooperation heraus und fördert mehr persönlichkeitsbildende Kreativität.

In Familien liebevoll aufmerksamer Eltern wird häufiger gelacht, stört weniger Hektik, wird mehr erzählt. Das öffnet für den Austausch von Erfahrungen, und daraus erwachsen gute Kompetenzen.

Erzieherisch interessierte Eltern aus der Mittelschicht „halten ihre Kinder kürzer". Sie schenken, was fördern könnte, und sie unterstützen „gute" Interessen mit Zulagen. Sie erwarten von den Kindern eigene Beiträge und Zuverdienst. Und sie diskutieren immer wieder über Sinn und Unsinn bestimmter Tätigkeiten und einzelner Ausgaben.

Millionär Horst gab Taschengeld an der Untergrenze des Durchschnittlichen: Dadurch wurde der Nachwuchs nicht zu unrealistischen Ansprüchen verführt. Andererseits ermöglichte der Vater seinen Söhnen stets etwas Zuverdienst, damit sie so durch eigene Leistung mit den Kameraden mithalten konnten. Diese Vorgehensweise hat sich bewährt, wie man an den Lebenswegen, dem Fleiß und der Bescheidenheit der inzwischen selbstständigen Erwachsenen sieht.

Schulen lehren im Fach Wirtschaftskunde die grundlegenden Sachverhalte: Produktionsformen und Arbeitsteilung, Vertrags- und Formfreiheit von Rechtsgeschäften, Allgemeine Geschäftsbedingungen und Anfechtbarkeit von Verträgen, Arten der Kaufverträge und Zahlungsbedingungen, Produkthaftung und Leistungsminderung, Kontoführung und Zahlungsverkehr, Kreditwesen und Konkurs, Unternehmensformen und Arbeitsrecht, Werbung und Wirtschaftspolitik. Doch bevor die Schüler alles wissen können, nehmen sie schon rege am Wirtschaftsleben teil. Deshalb bedeutet Gelderziehung zunächst, die Kinder geschützt teilhaben zu lassen. Ich empfehle Ihnen vier Lehr- und Lernbereiche:

1. Kinder kaufen und verkaufen mit Taschengeld, als sei es magisches Gold (Kapitel 2).
2. Teenager entwickeln Wertverständnis durch Zulagen für „gute" Interessen und verdienen selbst hinzu (Kapitel 3).
3. Sparkonto und Zinsen bereiten Jugendliche auf den Umgang mit Kapital und Neuem Geld vor (Kapitel 4 und 5).
4. Mit solchen Vorerfahrungen müssen schließlich die jungen Erwachsenen mit den Widersprüchen und Möglichkeiten des Geldwesens umgehen (Kapitel 6).

2 Magisches Taschengeld

Geld fasziniert kleine Kinder, bevor man überhaupt an Gelderziehung denkt.

Tina klemmt im Einkaufswagen, erkennt stolz eine Packung wieder und zeigt darauf. Die Mutter schiebt den Wagen mit der Bemerkung vorbei, dass sie dies heute nicht brauche und greift nach einem anderen Produkt.

Etwas später weist Tina auf die Kinderschokolade und ihre Mutter nimmt eine kleine Packung in den Wagen: „Weil du heute so lieb im Wagen geblieben bist".

So oder ähnlich nimmt schon ein Kleinkind am Wirtschaftsleben teil. Es beobachtet, dass die Mama begehrliche Dinge nimmt oder liegen lässt, seine Kinderwünsche berücksichtigt oder zurückweist, und an der Kasse glitzernde Münzen hin und her schiebt.

Aus dem frühkindlichen Geben-und-Nehmen-Spiel werden Schenken, Besitzen und Tauschen. Dann werden Kaufen und Bezahlen imitiert. Und nach der Einschulung werden auch schon Regeln für das Sparen und Borgen beachtet. Mit zunehmendem Verständnis unterscheiden die Kids, für welche Jobs es wie viel Geld gibt und welche Aufgaben oder Hilfen unbezahlt bleiben. Schließlich reicht das Kopfrechnen nicht mehr für den Durchblick, so dass der Geldverkehr aufgeschrieben und geplant werden sollte.

Anfänglich aber geht es nur um das Nachmachen und Einüben des richtigen Geldgebrauchs, noch nicht um das Geldverdienen oder gar ein Verständnis für das Finanzwesen.

Gesammelte Schätze

Sie kennen das: Babys grabschen nach glänzenden Rasseln und funkelnden Brillen. Kaum auf den Beinen, sammeln die Neugierigen weiße Papierschnitzel in Mamas offene Hände. Später werden schimmernde Steine in Farbreihen sortiert, bunte Plastikbecher ineinander gesteckt und aufgefädelte Steckperlen stolz als Halskettchen umgehängt.

Eines schönen Sommertages gibt es sogar ein besonderes Schächtelchen für die im Freien gefundenen Schneckenhäuser: Selbst gesammeltes und deshalb völlig frei verfügbares Eigentum!

Die vertraute Wohnung, der alltägliche Hochstuhl und das Essen sind nicht wirklich eigener Besitz. Selbst die eigenen Bilderbücher darf ein Kind nicht zerreißen, wegwerfen oder weiterschenken. Nur seine gesammelten Schneckenhäuschen darf es beliebig verschenken, in den Mülleimer werfen, in der Wut zertreten: „Schade, aber wenn du das unbedingt so willst?!", so kommentieren oft die Erwachsenen.

Arne sammelt Kleingeld. Er steckt die klimpernden Münzen in eine Saftflasche mit breitem Hals und braucht schon viel Kraft für seinen gewichtigen Gral. Allerdings duldet Arne in seinem gläsernen Tresor weder Papier- noch Spielgeld, denn sein Schatz sei echt. Der Vierjährige erzählt stolz, dass er damit später „was Großes" kaufen will. Gelegentlich allerdings bietet er seinen Schatz an, um den Eltern zu helfen, z. B. wenn deren Gespartes noch nicht für einen neuen Familien-Kombi reicht.

Steinzeitmenschen sammelten grellbunte Vogelfedern, oszillierende Schneckenhäuser, matt schimmernde Wildtierzähne und sicher vieles mehr. Inmitten verrauchter Lehmhütten, schmutzigbrauner Tierfelle und einer vom Abfall stinkenden Umgebung verkündeten solche Glanzstücke die Kultivierung der ansonsten übermächtigen Natur.

Übertrug vor 15.000 Jahren eine Familiensippe der ältesten Frau ein besonderes Amulett, heiligte dies deren Geltung als weise Ratgeberin. Schimmerte das Kerzenlicht von den goldenen Königsstatuen in altägyptischen Tempeln zurück, bestätigte das deren Göttlichkeit.

Heute setzt die Erzieherin der kleinen Sabrina die Geburtstagskrone auf. Mit so vielen glänzenden Zacken, als wären sie alle mühsam gesammelt worden. Das Ehrenkind darf sich nun von allen besingen lassen. Und es darf einen Wunsch für das nächste gemeinsame Spiel äußern, weil es die gülden gezackte Krone trägt.

Heutige Erwachsene sollten Ehre und Belohnung aktiv erringen, möglichst durch Leistung. Die Ehre symbolisieren vielleicht Pokale aus billigem Spritzguss auf dem Vereinsregal, blecherne Orden am Revers oder bunt bedruckte Urkunden auf billigem Papier. Zur Belohnung gibt es manchmal ein zusätzliches Preisgeld.

In der alltäglichen Erziehungszeit empfiehlt es sich, die gelegentliche Anerkennung durch Lob oder die Belohnung mit einem kleinen Präsent zur Gewohnheit zu machen. Gelegentlich, damit die Anerkennung nicht zur einklagbaren Bezahlung jeglichen Bemühens verkommt. Sonst geriete die Faulenlogik („Ich bemühe mich nur, wenn es auch was gibt.") in den Vordergrund.

Erwarten Sie umgekehrt ein kleines ‚Dankeschön' für ein nett gemeintes Präsent oder Ihre besondere Mühe.

Fair tauschen

Spielen Vierjährige Einkaufsladen, reichen sie das Spielgeld und die Waren bedeutungsvoll hin und her. Es soll aussehen wie bei den Großen, obgleich die Kinder ihre Münzen noch nicht richtig benennen können.

Fünfjährige geben den Waren vielleicht durchaus einen Preis: 1 Münze für 1 Warenpäckchen. Doch zwischendurch vergessen sie das Bezahlen oder die Ware. Ihr Spiel gleicht einem Tauschritual mit der Regel ‚Jedes Kind bekommt etwas vom anderen'.

Sobald der 5-jährige Nicolas die glänzende, knisternde Tüte entdeckt hat, holt er schon alle noch übrigen Gummibärchen heraus. Prompt kräht die dreijährige Sophia: „Ich auch Tummibärchen," und die Mutter regelt den Streit: „Aber Sophia bekommt gleich viele, bitte." Nicolas beachtet das Gebot und legt säuberlich zwei Reihen aus. Bei Sophia landet zunächst ein Bärchen mehr. Aber kaum greift der Bruder zwei Bärchen seiner Schwester, protestiert die Kleine lauthals: „Nico, nicht wegnehmen." Der Bruder beschwichtigt: „Ich tausche doch nur deine zwei Gummibärchen gegen mein rotes. Jetzt hast du lauter Rote. Das ist doch viel schöner!" Sophia ist fasziniert.

Damit wäre dieser Tausch perfekt, falls die Mutter den unfairen Tausch zuließe und beide Kinder die Vereinbarung akzeptierten.

Notfalls garantieren außenstehende Autoritäten den Tauschfrieden. So wie Gerichte Rechtsgeschäfte als sittenwidrig beurteilen können (BGB I, § 138 und § 445), wegen Zinswuchers, wenn gedroht wurde oder arglistig die Unerfahrenheit ausgenutzt wurde.

> Vor mehr als 3000 Jahren gaben Stadtkönige rund um das Mittelmeer dem Tausch einen steinernen Rahmen, indem sie kleinstadtartige Paläste mit Werkstätten, Vorratskammern und Verwaltungsräumen um Handelsplätze herum bauten. Sie holten die Warenproduzenten in diese so genannte „Agora" ihres Palastbezirks, beaufsichtigten dort den Tauschhandel, garantierten mit ihrer Macht die getroffenen Absprachen und gewannen nebenbei Hinweise darauf, ob sie die Abgaben erhöhen könnten.

Eltern schreiten also völlig zu Recht ein, falls z. B. die feine Puppe oder der teure Ball gegen wertlose Dinge eingetauscht, verschenkt oder gar abgepresst wurden. Solche Tauschgeschäfte sind nichtig.

Meist aber lernen Kinder das Tauschen untereinander intuitiv. Man muss ihnen nicht viel erklären. Einige Märchen, wie beispielsweise *Hans im Glück* der Gebrüder Grimm oder *Das kalte Herz* von Wilhelm Hauff regen die Kinder an. Bis weit in die Schulzeit hinein üben sie den Besitztausch „Gleich-gegen-Gleich". Ging es früher um farbige Glasmurmeln, standen später Sammelbildchen von Markenwaren, z. B. Haferflocken, hoch im Kurs. Dann Stickers. Jetzt sind es Pokémon-Karten. Stets kommt Neues in Mode. Irgendwann werden die jungen Tauschbörsianer sogar besondere Preise für seltene Sammlerstücke und Mengenpreise für zu häufig angebotene Objekte aushandeln. Die Kinder tasten sich an Bewertungen heran.

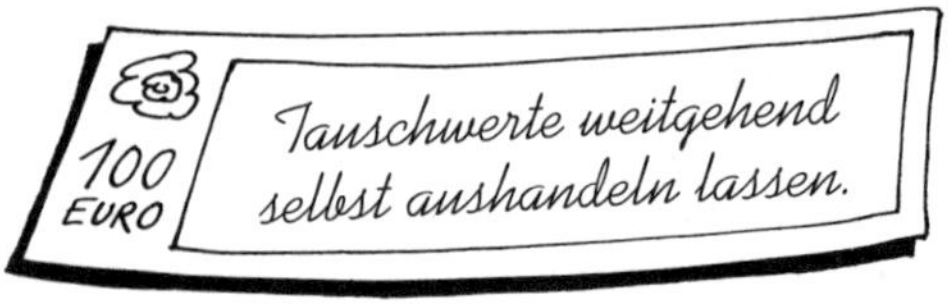

Jugendliche tauschen nicht mehr nur aus Freude am Tauschen. Sie wollen beispielsweise für ihre PC-Programme einen vergleichbaren Wert aushandeln.

Kaufrituale

Der – aus Erwachsenensicht – richtige Gebrauch von Geld beginnt eher beiläufig: Vielleicht reichen Sie den Kleinen im Laden etwas vom Restgeld und ermuntern sie, etwas davon zu kaufen. Oder Sie schicken ein Kind erstmalig mit abgezählten Münzen und einem klaren Auftrag zum Kiosk.

„Krieg' ich noch ein Eis?!" quengelt Sina im Freibad.

„Ja, da hast du 50 Cent für ein kleines Eis. Aber hol' es dir selbst."

Die Vorschülerin erinnert sich an das, was im Kaufladen des Kindergartens auch schon funktionierte und beobachtet beim Warten ganz genau, was die Leute vor ihr tun.

„Ein Eis für Fünfzig." Sina reicht die Münze hoch und schnappt ihr Eis.

Mit Herüberreichen des Geldes und Abgabe der Ware gilt ein Barkauf einvernehmlich Zug um Zug getätigt. Das Kaufgeld in der Kinderhand gilt als formfreier Beleg der elterlichen Erlaubnis.

Bürgerliches Gesetzbuch, BGB, § 110 (Taschengeld-paragraf): „Ein von dem Minderjährigen ohne Zustimmung des gesetzlichen Vertreters geschlossener Vertrag gilt als von Anfang an wirksam, wenn der Minderjährige die vertragsmäßige Leistung mit Mitteln bewirkt, die ihm zu diesem Zwecke oder zu freier Verfügung von dem Vertreter oder mit dessen Zustimmung von einem Dritten überlassen worden sind."

Käufe von unter 7-Jährigen dürfen allerdings von den Eltern wieder rückgängig gemacht werden, selbst wenn beispielsweise der unerlaubt erstandene Schokoriegel bereits angeknabbert ist.

„Du gibst ein Geld, und du kriegst etwas dafür", so erklären Vorschüler das Kaufen. Ihr Geld wird angenommen, genau wie das der Großen – super! Spielgeld kann nicht verwendet werden, das wissen sie meist. Falls nicht, wird die Verkäuferin, vielleicht selbst erfahrene Mutter, schmunzelnd die Plastikmünzen zurückweisen und zum Trost ein Bonbon reichen.

Damit wäre das Thema Geld-Gültigkeit vorerst geklärt.

Üben Sie das Zählen an den Fingern und mit alltäglichen Gegenständen, z. B.: „Wie viele Pflaumen sind jetzt auf deinem Teller? Und in der Schüssel?" Aber erwarten Sie nicht mehr als einfaches Abzählen. Denn ein Vorschulkind wird wahrscheinlich sagen, die lang ausgelegte Reihe von 4 Pflaumen sei mehr, als die enger gelegte Reihe oder ein kleiner Haufen von 6 Pflaumen.

Sitzen die ersten Zahlen, bieten sich für das Kaufen und Abzählen im Vorschulalter die 10-Cent-Stücke (Zehncent) an. Mehrere davon reichen für eine Kleinigkeit. Wechselgeld, wie 1- oder 5-Cent-Stücke kann man ja in einer Flasche sammeln, als „Schatz" für später.

„Das sind deine Münzen.
Nun, wie viel Geld hast du?"

„Fünf Zehncents."

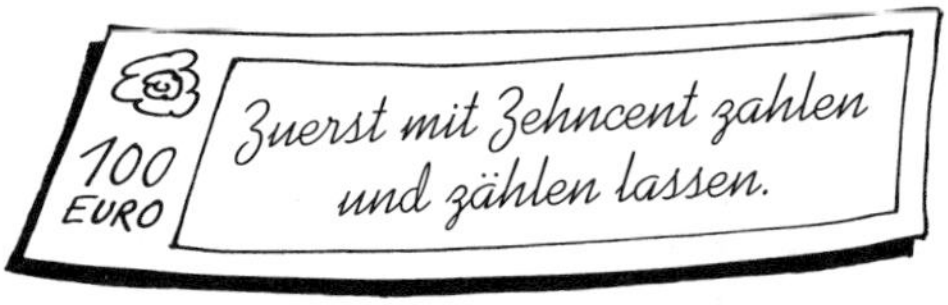

Eventuell auftauchende Münzen größeren Wertes tauscht man in die bekannten Einheitsgrößen.

„Die große Münze gib bitte mir.
Ich tausche sie dir in deine Münzen!"

Wahrscheinlich wird ein Vorschulkind ganz vertrauensvoll tauschen lassen. Es geht ihm noch nicht um Geldwerte, sondern um das Ritual des Kaufens und Verkaufens.

Etwa 650 vor Christus ließ der lykische König *Gyges* Löwenköpfe auf genormte Metallbohnen aus Elektron prägen. Dies gilt als Beginn der Geldwirtschaft in unserem Kulturkreis. Nunmehr konnten die Händler Lykiens (an der heutigen türkischen Mittelmeerküste) den Erlös eines Handelsgeschäftes mit nach Hause nehmen und erst einige Tage später auf der „Agora" eines anderen Städtchens in Waren zurücktauschen.

Der Handel boomte und Lykien wurde unvergleichlich reich.

Übungsgeld

Schulanfänger wollen alles können und alles selber machen: Endlich lesen, schreiben, rechnen! Termin für das erste Taschengeld?

Die Einschulung ist aufregend genug. Der Geburtstag davor wäre eine Möglichkeit. Aber zukünftige jährliche Geld-Verhandlungen könnten gerade am Ehrentag unpassend sein. Deshalb mein Vorschlag:

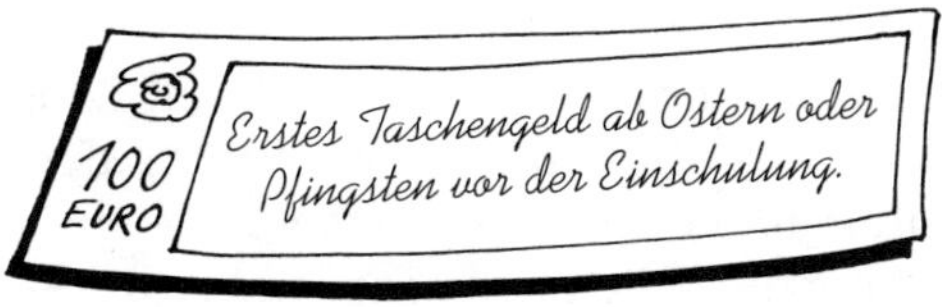

Damit ehren Sie die baldige Einschulung und behalten später durch die Feier- und Ferientage zu Ostern oder Pfingsten ausreichend Raum für Finanzkonferenzen.

Für die Grundausstattung sind empfehlenswert: Praktischer Brustbeutel oder Gürteltasche sowie eine funkelnde Spardose mit je 10 blanken Zehncent darin, feierlich überreicht. Denn das eigene Portemonnaie und die Kasse sind bedeutende Symbole zunehmender Selbstständigkeit.

„Du bekommst jetzt jede Woche Taschengeld. Du darfst damit fast alles machen, was du willst. Frag´ gerne, wir schauen noch ein bisschen danach.

Und wenn du magst, steckst du vor dem neuen Taschengeld alle Reste in die Spardose, in der wir nun auch alle Geldgeschenke aufbewahren. Willst du dann einmal etwas Besonderes kaufen, holen wir das gesammelte Geld aus der Spardose heraus."

Andere Kulturen feiern die Übergänge zwischen Kindheit und Erwachsenwerden ausdrücklicher. Wir hingegen markieren viele Entwicklungsfortschritte durch besondere Beachtung sowie mit Fotos und Videos: Den ersten Tag im Kindergarten und den Schulanfang, Zeugnisse und Schulabschluss, Zwischenprüfungen und Ausbildungsende, Berufsanfang und Jubiläen, Kommunion, Konfirmation oder Jugendweihe, Wahlrecht und Volljährigkeit.

Die Finanzkarriere im Besonderen wird markiert durch die erste Münze und das erste Taschengeld, dann die eigenen Spar- und Girokonten, später auch das erste Gehalt und den ersten Kredit, das elterliche Erbe und das eigene Testament.

Der formelle Schritt, ab dem siebten Lebensjahr beschränkt geschäftsfähig zu sein, wird normalerweise übergangen, selten mit der Anlage eines Sparbuches gewürdigt.

Meist gehen zusätzlich zum Taschengeld gewisse Beträge beim Kind ein: Vielleicht weiterhin ab und zu das Wechselgeld bei Einkäufen, zugestecktes Klein- und Geburtstagsgeld von Verwandten und Belohnungen für alles Denkbare. Das zusätzliche Geld ist sicher gut gemeint, doch Einschulkinder sollten erst einmal üben, mit wenigen, abzählbaren Münzen umzugehen. Deshalb gehören die zugesteckten Beträge direkt die Spardose.

Obgleich 6-Jährige die Zeiträume des Ansparens noch nicht überblicken, begreifen sie dennoch den Unterschied zwischen „Taschengeld für jetzt“ und „Spargeld für später“.

Viele Kinder wollen ihren Geldbeutel stets bei sich haben. Schließlich gibt es selbst beim Sonntagsausflug an irgendeinem Kiosk oder einer Tankstelle etwas zu kaufen. Geld zählt eben immer:

- Es gilt überall: am Kiosk, im Laden, im Freibad, in der Schule.
- Es gilt gleich: heute und morgen, lachend oder skeptisch gegeben, geschenkt oder belohnend bekommen.
- Es gilt allgemein: für Erwachsene wie für Kinder, für Fremde wie für Bekannte, für Feinde und Freunde.
- Es gilt für den Kauf von Dingen und von Tätigkeiten.
- Es gilt psychisch: als Belohnung, Freiheitssymbol, Machtmittel, Sicherheitsgarant.

Knapp 100 Jahre später folgte auf den Gelderfinder *Gyges* der berühmte König *Krösus*. Sein Königreich boomte schon durch den Handel mit den staatlich geprägten Münzen seiner Vorgänger.

Nun garantierte *Krösus* mit seiner königlicher Autorität, dass jedermann an seinem Palast für 1 Schaf 1 Gold-Drachme bekäme und jederzeit für 1 Gold-Drachme auch 1 Schaf abholen könne.

Da sich alle Untertanen auf diese Gelddeckung verlassen konnten, bezahlten sie auch untereinander lieber mit dem praktischen Geld als mit Naturalien. Die Umsätze explodierten und setzten solchen Reichtum frei, dass König *Krösus* sogar das griechische Ephesus angreifen und neu erbauen lassen konnte. Dann aber überschätzte *Krösus* die Macht seines Reichtums und verlor den Eroberungsfeldzug gegen das großmächtige Persien.

Man sollte kindliche Geldbenutzer nicht mit Preisvergleichen oder Sonderangeboten behelligen, solange sie nicht selbst darauf stoßen. Wichtiger sind erst einmal Erfahrungen, dass Geld wertvoll ist:

- Ganz Vieles außerhalb der Familie „kostet".
- Für kleine Münzen gibt es große Dinge. Und für leichte Scheine sehr große Dinge, scheinbar ohne Einschränkung.
- Ohne Geld kein Kauf. Ausgegebenes ist weg. Und verlorenes Geld wird nicht ersetzt. Vorschuss gibt es noch nicht.
- Alle gehen sehr sorgfältig mit Geld um, wie mit dem zauberhaften Gold im Märchen.

Geld sollte einem Kind durchaus auch einmal ausgehen, denn das motiviert einzuteilen. Die Euros können auch verloren gehen, das motiviert aufzupassen. Schnell verspeiste Süßigkeiten dürfen ärgern, das übt Zurückhaltung. Und unbrauchbarer Schnickschnack muss mehrmals reuen, denn das macht den unterschiedlichen Wert der Dinge bewusst. Selbst Münzen als Ballast am Segelflieger aus Balsaholz oder der Verlust von Münzen bei Fallversuchen im Kanalgully sollte erlaubt sein, wenn auch nicht ganz kommentarlos.

Nur, wenn das Geld z. B. von Älteren unter Gewaltdrohung abgepresst oder betrügerisch entwendet würde, wäre Ihr elterlicher Schutz dringend notwendig!

Dass ein einzelnes 1-Euro-Stück mehr Wert haben soll als die viel längere Reihe von 5 Zehncent, ist mit den Händen nicht zu begreifen und mit den Augen nicht zu ersehen. Das muss man nachsprechen, gelernt haben oder rechnerisch verstehen. Also Anschauungsunterricht:

Was ist mehr? 1 Euro oder 5 Zehncent?

„Schau, Lina. Du willst einen Flummi-Ball für 50 Cent. Hier male ich dir fünf Kreise für die fünf Mal Zehncent. Zwei hast du schon, lege die mal auf die Kringel ... Du siehst, drei Zehncent fehlen noch."

Umgang mit den Münzen und rechnerischer Erstklassunterricht fördern sich gegenseitig. Wird schon werden mit der Zeit!

Erbittet Ihr Kind bei Bedarf etwas Geld zusätzlich, gewinnen Sie gleich einen Überblick darüber, wohin das Taschengeld bisher floss. Sobald das Kind gut mit seinen Münzen zurechtkommt, erhöhen Sie den Betrag etwas.

Vielleicht schon nach einigen Monaten, spätestens nach dem ersten Jahr regelmäßigen Taschengeldes steht ein erstes „Taschengeldtreffen" an: Ostern oder Pfingsten mit allen Kindern. Vergegenwärtigen Sie sich vorher, ob ein Kind für das kommende Jahr spezielle Lernziele braucht, z. B. mehr auszugeben und zu nutzen als nur zu sparen. Prüfen Sie auch Ihre Grundpositionen:

- Taschengeld ist zugleich so etwas wie eine soziale Grundsicherung und ein kulturtechnisches Praktikum. Deshalb wird das Taschengeld weder strafend gekürzt noch belohnend erhöht, kann aber angemessen für Wiedergutmachungen eingesetzt werden.
- Die Termine und Beträge der Auszahlungen sollten fest kalkulierbar sein.
- Wie viel Taschengeld insgesamt können und wollen Sie gewähren?
- Was wäre gerecht unter den Geschwistern? Jedem nach Bedarf, allen gleich oder altersgemäß? Dies kann von Familien unterschiedlich gehandhabt werden.
- Den Kindern selbst ist absolut klar, dass Mädchen und Jungen gleich viel bekommen sollten. Tatsächlich aber gehen ca. 60 % aller Ausgaben für Spielzeug an Jungen.
- Jugendliche wägen besondere Bedürfnisse ab, z. B. für Kosmetika der Schwester oder für den Mopedsprit des Bruders.

Eine solche Sitzung könnte z. B. so verlaufen: „Kinder, wir klären, wie's im nächsten Jahr mit dem Taschengeld weitergehen soll. Der Reihe nach: Wofür nutzt ihr wie viel?"

Das jüngste Kind darf beginnen. Fragen Sie sachlich nach, ohne Vorwürfe, ohne Abwertungen. Machen Sie Notizen für Nachfragen und Aufklärungen.

„Wie viel Geld befindet sich in euren Sparschweinen? Und wie viel bekommt ihr zusätzlich, von den Großeltern und anderweitig?"

Dann besprechen Sie die Finanzlage mit jedem Kind gesondert: „Also insgesamt hast du im Monat ... € zur Verfügung und du bezahlst damit ... Was davon können wir lassen und was sollten wir ändern?"

Keine Sorge: Sobald die Kinder gemerkt haben, dass sie wirklich etwas Einfluss haben, werden brauchbare Vorschläge gemacht werden. Natürlich werden auch Tricks getestet. 8-Jährige und Ältere werden insbesondere die Dotierungen der Hausjobs hochhandeln wollen (siehe Kapitel 3).

Einzel- und Stadtkinder erhalten überdurchschnittlich viel Taschengeld. Auch viel arbeitende Eltern gewähren ihren Kindern tendenziell mehr Taschengeld, sofern es ihnen finanziell möglich ist. Bei der Umstellung auf den Euro betrug das durchschnittliche Taschengeld in etwa:

- für Vorschüler 50 Cents (5 x 10 Cents) wöchentlich
- bei der Einschulung 2,– € wöchentlich
- mit 10 Jahren 10,– € monatlich
- mit 13 etwa 20,– € monatlich
- mit 16 Jahren rund 40,– € monatlich

Aktuelle Infos z. B. über www.dein-taschengeld.de

Trotz höheren Familieneinkommens scheinen besser situierte Familien ihren Jugendlichen mehr Zuverdienste zu ermöglichen und abzuverlangen, beispielsweise durch Rasenmähen oder Autowaschen. Gleichzeitig werden teure Hobbys, z. B. Reiten, finanziell stark unterstützt. Dadurch können Kinder wohlhabender Eltern auf äußerlichen Konsum verzichten, oftmals sogar ihr Outfit vernachlässigen und dennoch ausgefallenen Interessen nachgehen.

Überträgt man das Kriterium für Armut (wer weniger als 50% des Durchschnittseinkommens zur Verfügung hat, gilt als arm) auf das Taschengeld, wären Kinder mit weniger als 5,– € „arm" und Kinder mit mehr als 15,– €

„reich“, wenn man von durchschnittlich 10,– € Taschengeld bei etwa 10-jährigen Kindern ausgeht.

Diese Groborientierung hat aber 2 Haken. Erstens wollen die meisten Familien ihren Kinder überdurchschnittlich viel Taschengeld zukommen lassen, so dass der Durchschnittsbetrag schnell steigt. Zweitens kann frei verfügbares Taschengeld nicht mit einem höheren Taschengeld verglichen werden, das z. B. für den Schulbedarf ausreichen muss. Dennoch empfehle ich:

Meinen Vorschlag für altersgemäße Taschengeldbeträge, Zulagen und Zuverdienste finden Sie tabellarisch zusammengestellt auf Seite 91.

Mathetraining

Auf nichts sind die soeben gelernten Rechenkünste so nutzvoll anwendbar, wie auf das Geld. Der Zehnersprung ist erforderlich für das Addieren von Preisen und die Berechnung des Wechselgeldes. Der Umgang mit 1, 2, 5, 10, 20 und 50 Cent sowie dem Euro zu 100 Cent fördert das Rechnen im Hunderterraum. Das Übungsprogramm „Mathe-Blaster“ beispielsweise trainiert das Rechnen nur spielerisch, das Einkaufsgeld hingegen verlangt genaues Kalkulieren und Nachzählen. Der Vergleich von Einzelpreisen und Preisen für Großpackungen setzt gar den Dreisatz voraus.

Mit den römischen Ziffern war das Rechnen nahezu unmöglich, da die Zehnersprünge fehlten: VII + IX = XVI (7 + 9 = 16). Das behinderte den Umgang mit Geld.

Etwa um die Jahrtausendwende trug Bischof *Gerbert de Aurillac*, späterer Papst Sylvester, über seine fränkische Domstadt Reims erste Kenntnis von den arabischen Zahlen und vom Rechnen mit Zehnersprung an die europäischen Klöster und Höfe.

Vermutlich kalkulierten 200 Jahre später die weiß bemantelten Tempelritter in ihren knapp 1.000 europäischen Stationen in der arabischen Art. Das ermöglichte ihnen, zwischen 1118 bis 1310 erstmalig ein Bankensystem über das gesamte christliche Abendland zu spannen. Der Orden gewährte den französischen Königen Kredit, wechselte die Gelder aller Herren Länder und finanzierte die schottische Stuart-Familie.

Die gewaltige Macht dieses ersten Multis gründete im unbedingten Gehorsam seiner Ordensleute und den berüchtigten „Geheimnissen der Templer". War eines davon gar der Import südamerikanischen Silbers über den französischen Atlantikhafen La Rochelle, lange vor Kolumbus?

Die letzten Tempelritter wurden 1310 öffentlich verbrannt, ihre Geheimnisse sind noch immer ungelüftet.

1202 erklärte der Pisaner *Leonardo Fibonacci* im damals populären „Liber Abaci" das Rechnen mit den arabischen Ziffern. Die oberitalienischen Kaufleute lernten begierig, sie intensivierten den Handel mit den Moslems, und Europas Wirtschaftskraft explodierte.

Wissenschaft und Politik übernahmen das arabische Zahlensystem nur zögerlich. Erst 1792 billigte der amerikanische Kongress das metrische System für seine Währung. Erst 1971 entschied sich das Britische Königreich dafür.

Sie können den Rechenkünsten Ihres Kindes nachhelfen und z. B. 1,50 € in 2 x 50 Cents, 2 x 20 Cents und 2 x 5 Cents auszahlen. Dann wird Ihr Kind sich bemühen richtig mitzurechnen.

Die Rechenkünste nehmen rasant zu.

„Ich hab' noch einen Euro, das sind doch 100 Cents. Da bekomme ich doch eine ganze Tüte Lakritze für 59 Cents. Und dann noch 41 Cents zurück.

Aber das Geld reicht ja sogar für die große Tüte zu 99 Cents. Da ist doppelt so viel drin, und sie kostet weniger als zwei kleine Tüten. Das muss ich mir merken!"

Kaum hat ein Kind kalkuliert, dass sein vorhandenes Bargeld niemals für ein begehrtes Spielzeug reicht, werden die üblichen Geldquellen geprüft: die gutwillige Großmutter, die genervten Eltern, ein Vorschuss auf das Taschengeld. Ich rate Ihnen zur Devise:

Also weniger ausgeben, alles Übrige in die Spardose stecken und die Wunscherfüllung aufschieben.

Freilich erfordert es Willenskraft, über längere Zeit all den zwischenzeitlich hinzukommenden Versuchungen zu widerstehen: Persönlichkeitsbildung durch und für das Geld. Ihre Ermunterungen und Ermahnungen werden helfen.

1993 prüften zwei US-Forscher das Durchhaltevermögen von Kindern in einem Sparspiel (Claar 1996, 193f). Die Kinder konnten mit ihren Anfangsguthaben am Spielende selbst ausgewählte, schöne Spielzeuge erhalten, mussten dafür aber im Spielverlauf wiederholt darauf verzichten, einzelne Spielmünzen gegen kleine Leckereien einzutauschen. Erst die über 9-Jährigen hielten durch. Die Jüngeren erlagen alle den schnellen Verführungen.

Geizt ein Kind zu sehr mit seinem Taschengeld, sollten Sie ausführlich darüber sprechen. Hat es vielleicht keine eigenen Bedürfnisse oder Interessen? Meint es, Ihnen zuliebe alles sparen zu sollen? Traut es sich nicht zu kaufen? Oder gibt es andere Gründe? Fragen Sie ruhig in der Erziehungsberatungsstelle nach, dort kennt man solche Verhaltensweisen.

Weil Geld nicht schlecht wird, kann es gelagert werden. Und abgelegtes Geld kann ausgeliehen werden. Wie Spielzeug?

„Mist, Geld vergessen! Kannst du mir was borgen, bitte?"
„Klar doch, aber morgen zurück, wie sonst auch!"

Kein Problem: Leihen Geschwister oder Freunde untereinander kurzfristig Geld aus, betreiben sie die Rückzahlung schon selbst. Statt Zins gibt's halt ein Dankeschön.

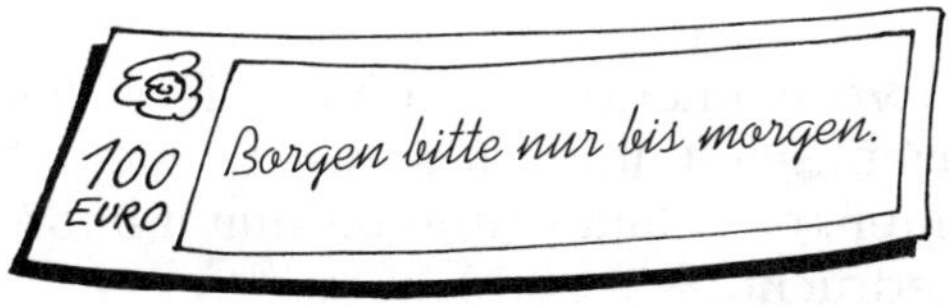

Ist ein Kind einmal ganz dringend auf geliehenes Geld angewiesen, bietet es vielleicht eine Vorleistung als Dankeschön an: „Und wenn ich dir jetzt erst dein Fahrrad aufpumpe?!"

Eltern ersehen daraus, dass die Zeitperspektive und die Motivationskraft des Geldes zugenommen haben.

Auch die Variante des Vorschusses wird zur Sprache kommen, wenn es klemmt: „Ich brauch' mein nächstes Taschengeld schon heute. Da muss ein neuer Bremsklotz an die Skater, und das kostet."

Kein Problem, denn dass Ihr Kind sich verplant hat, kann vorkommen. Doch wenn es ständig passiert, ist die Zeit für ein höheres Taschengeld gekommen – oder dafür, Zuverdienstmöglichkeiten zu schaffen oder eine Weile schriftlich Buch führen zu lassen.

Falls die Bitte um einen Vorschuss zu leichtfertig ausgesprochen wird, weil der Geldbeutel wieder nicht aufzufinden ist, kann die Dringlichkeit entscheiden: „Wenn du mir schnell die Kartoffeln für morgen schälst, gibt's dafür schon mal einen Zuverdienst und den Rest als Vorschuss."

Fehleinschätzungen

Vorschüler wissen, dass die Münzen und Scheine nicht als Sterntaler vom Himmel purzeln oder im Geldbeutel wuchern. Aber ihre Erklärungen klingen oft verwunderlich. Fragen Sie mal: „Woher, denkst du, kommt unser Geld?"

Manche Vorschüler erklärten mir, die vielen Wechselgeld-Münzen seien irgendwie neues Geld für später. Viele meinten, das Geld würde bestimmt in den Bankautomaten gedruckt.

Selbst 10-Jährige können noch behaupten, man käme zu Geld, indem man kleines Geld gegen große Beträge eintausche, quasi als Berechtigungsbeleg für mehr davon.

„Und woher kommen die Waren?" Kindergartenkinder sind oft der Ansicht, die Waren in den Läden würden von den Ladenbesitzern hergestellt. Manche vermuten, dass

Handwerker aus alten Dingen wieder neue machten, so wie beispielsweise kürzlich eine Tante neue Kerzen aus alten Stummeln zog. Andere behaupten, Fernseher würden genauso aus Altgeräten gemacht, wie man neue Flaschen aus Bruchglas fertigt. Auch kann der Verdacht geäußert werden, Buchhändler würden ihre Angebote lediglich fotokopieren.

Bis in die Schulzeit hinein glauben die meisten Kinder, dass der Warennachschub nie ende, da die Händler gegenseitig beieinander einkaufen könnten. Die Unterscheidung von Herstellung und Handel setzt offenbar viel Verständnis für komplizierte Prozesse voraus.

Erläutern Sie also entsprechende Episoden aus dem Kinderfernsehen. Und nutzen Sie eventuelle Gelegenheiten, mit den Sprösslingen in eine Fabrik hineinzuschauen. Erklären Sie mehrfach, dass die vielen Lastwagen auf der Straße all die Waren von den Betrieben in die Läden fahren. Lassen Sie von den Kindern die Darstellungen in Unterricht und Schulbüchern nacherklären, so wie Sie früher das Neueste aus dem Kindergarten erfragten.

Jüngere Kinder meinen manchmal, dass man nur erwerben kann, was auch ins Auto passt, Wohnzimmerschränke folglich nicht. Ältere geben zu bedenken, dass man manche Dinge zwar kaufen kann, aber nicht darf, die Schule beispielsweise, weil die den Lehrern gehöre.

Kurios muten manche Preiserklärungen jüngerer Kinder an.

Jaqueline, 8 Jahre, vermutet, die Preise bei ALDI würden niedriger gemacht, damit auch arme Leute genug zu Essen kaufen könnten. Ihre Klassenkameradin hingegen findet, dass Äpfel teurer sind als Gurken, weil sie bunter seien. Und Harry aus derselben Klasse erklärt, dass ein Porsche billiger sein müsse als der Passat-Kombi seines Vaters, weil der Sportwagen bloß 2 Sitze habe. Bis zur Pubertät dürfte Harrys Einschätzung realistischer geworden sein.

Tendenziell schätzen Grundschulkinder Gebrauchsgeräte, z. B. TV, Möbel, Autos und Waschmaschinen entschieden zu billig und einfache Konsumgüter, z. B. Kugelschreiber, Yoghurt oder Socken, eher zu teuer. Auf Nachfrage hin scheint noch unklar, wie der Preis eines Produktes von der Herstellung bis zum Endverkauf zunimmt und weshalb beispielsweise das gleiche Fahrrad in diesem Laden deutlich billiger sein kann als in jenem.

Grundschüler vermuten zunächst eher einen irgendwie festgelegten „richtigen" Preis der Dinge, so wie sie auch richtig schreiben, regelgemäß spielen und gerecht verteilen wollen.

Der berühmte griechische Philosoph *Aristoteles* meinte, dass reiche Leute für die gleiche Ware mehr bezahlen sollten als arme.

Thomas von Aquin argumentierte in seiner „Summa theologica" von 1273, dass Verkäufer den Preis nicht beliebig in die Höhe treiben dürften, weil beispielsweise der Brotpreis nicht das Überleben Hungernder gefährden dürfe.

Die mittelalterliche Scholastik schließlich gestand dem Markt Preise zwischen 50 % und 150 % eines so genannten „gerechten" Preises zu, der allen ein standesgemäßes Auskommen sichern könne.

Leider müssen manche Kids versuchen, sich mit Geld Anerkennung, Image und Freunde zu verschaffen. Sofern sie um die Ablehnung dieser Strategie seitens ihrer Eltern wissen, probieren sie sie heimlich. Auch deshalb sollte der kindliche Geldumgang schützend im Blick bleiben, ohne kontrollierend vorgeschrieben zu werden.

Für ältere Kinder: Kübler, S., Stempel, H., Ripens, M. (1986): Kuchen für alle. Orell Füssli, Zürich und Schwäb. Hall.
Kann man Freunde kaufen, indem man allen Kindern beliebig viel Kuchen verspricht? Die Geschichte eines Kindes, das nicht mehr alleine sein will.

Manchmal hoffen Kinder auf Wunscherfüllung durch systematisches Quengeln.

Saskia, 8 Jahre, wünscht sich eine Schmusekatze.

„Aber deine Eltern mögen keine Katzen?“

„Doch, schon, aber die haaren so, und dann kann man da auch krank von werden, am Blut irgendwie.“

„Und was machst du nun?“

Saskia strahlt und erzählt unbedarft ehrlich: „Heulen. Immer wenn ich traurig bin, tu' ich heulen. Lass' mich von niemand trösten. Bis die Mam fragt, was wir denn da nun machen sollen. Und dann sag' ich's wieder mit der Katze.“

„Aber bis heute hat's noch nicht geklappt?“

„Nein. – Aber die Mam hat schon gefragt, ob ich die dann auch füttern tu und mit ihr zum Tierarzt gehe.“

Wenn denn tatsächlich eine Katze angeschafft würde, könnte das Futtergeld auf das Taschengeld aufgeschlagen werden. Saskia würde werten, entscheiden und haushalten lernen: Wieder teures Nassfutter für die Mieze oder Bonbons für mich?

Mit Hilfe der Eltern erlangen etwa 10-Jährige die Fähigkeit, eigene Bedürfnisse zugunsten längerfristiger Verpflichtungen zurückzustellen. Ich weiß von 12-Jährigen, die ihr Kleidungsbudget weitgehend dem erhöhten „Taschengeld“ zugeschlagen bekamen und es gut verwalten.

Drei-Kassen-System

Die Einnahmen gehen aus verschiedenen Richtungen ein, die Ausgaben vervielfältigen sich, und die Geldverwaltung wird komplizierter. Wenn ein 8-jähriges Kind einigermaßen mit Geld umgehen kann, ist ein Sparbuch sinnvoll – das erste eigene Konto!

Vereinbaren Sie jedoch, dass nur die Beträge von Geldscheinen eingezahlt und abgehoben werden, also Werte von 5,– € und höher. Denn 8-Jährige verstehen durchaus, dass man nicht wegen jeder kleinen Summe zur Bank gehen muss, größere Beträge aber im Tresor deponieren sollte. Unbedarfteren Kids erklärt man, dass sie zwar den eingezahlten Geldbetrag wieder abheben könnten, dabei aber anderes Geld erhalten werden, als sie eingezahlt haben.

Virtuelle Taschengeldkonten im Internet erscheinen mir zu ungreifbar, so bunt sie auch leuchten mögen, z. B. unter www.4Kidz.de

Schließlich geht es – etwas feierlich – gemeinsam zur Bank: Sie halten Ihren Ausweis und das Kind sein Gespartes bereit. Somit wäre die zukünftige Finanzverwaltung vorstrukturiert:

- die praktische Geldbörse mit dem Taschengeld, später auch für Bargeld, Karten und sonstiges Wichtiges,
- eine Spardose für Taschengeldreste und Einkünfte, quasi in der Funktion eines Girokontos,
- das klassische Sparkonto bei der Bank für mittlere Ansparziele als Vorläufer späterer Kapitalanlagen.

Das einfache Sparbuch lässt das Ansparen amtlich erscheinen. Die Vorgänge werden in einer edlen Schalterhalle getätigt und detailgenau eingetragen. Sind dann eines Tages sogar ein paar Zinsen eingetragen, ist die Freude groß. Aber dies darf nicht über das geringe Sachverständnis der Jungsparer hinwegtäuschen:

„Da kriegt man Zinsen dazu, weil man muss ja später auch ein Geld haben zum Ausgeben".

Also genauer nachfragen und zunächst erklären, dass die Zinsen für das Sparen belohnen.

Jennifer zeigt schon deutlich mehr Einblick:

„Wenn jeder zu Hause auf sein Geld aufpassen muss, kann man gar nicht mehr weggehen. Das Geld ist viel sicherer im Tresor von der Sparkasse. Da kriegt man dann Zinsen. Weil, die nehmen von dem gesammelten Geld und geben das anderen. Die bauen damit Fabriken und so und haben auch was davon. Deshalb müssen die auch etwas für das geborgte Geld bezahlen. Und das kriegt man dann als Zinsen."

Größere Summen des Münzgeldes waren schwer und kaum sicher zu horten. Deshalb wurden ab dem 14. Jahrhundert in den reichen oberitalienischen Handelsstädten sichere Geld-Depots eingerichtet. Dort konnten die Kaufleute ihre großen Beträge sicher deponieren und erhielten zum Beleg auf sie persönlich ausgestellte „Depotscheine". Die tauschten sie manchmal direkt untereinander aus, so dass wohl 1494 allgemein kursierendes Papiergeld daraus wurde. In der Folge entwickelten sich die Tresorhäuser zu Depositenbanken.

Im fernen China allerdings gab es Papiergeld schon länger. Der berühmte *Marco Polo* berichtete, dass die dortigen Bürger mit Strafdrohung gezwungen wurden, nur mit dem Papiergeld des Kublai Khan zu bezahlen.

Man behelligt Grundschüler ebenso wenig mit komplizierten Finanz- und Bankmechanismen, wie man ihnen Kredite einräumen sollte. Müssen Kinder dennoch einmal sinnvoll etwas Geld ausleihen, regelt man das privat und belässt es bei der alttestamentarischen Regel, keinen Zins herauszuschlagen. Aber man fordert den kleinen Betrag beharrlich baldmöglichst zurück. Denn das vereinbarte Wort muss in der Familie gelten, auch in Geldfragen.

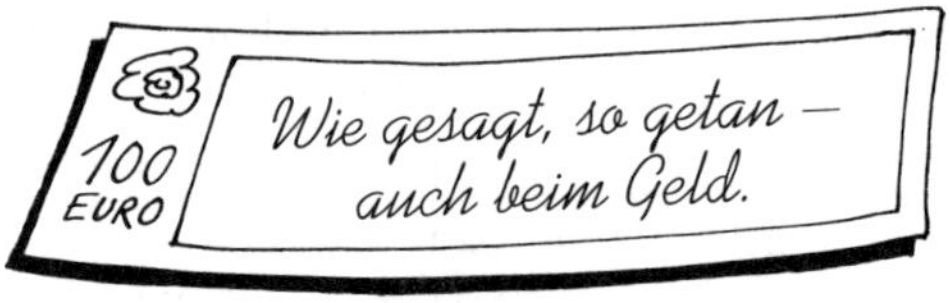

Meinem Eindruck nach diskutieren Familien ruhiger und interessierter über das Sparen als über das Taschengeld, weil mittelfristige Sparziele viel interessanter und sinnvoller sind als die alltäglichen Geldausgaben. Unterscheiden Sie *Er*sparen und *An*sparen deutlich:

- Durch preisgünstigen Einkauf erspartes Geld ist anderweitig nutzbar. Dieses Sparen erfordert bewusste Preisvergleiche.
- Extra für ein Sparziel angesparte Beträge werden zurückgehalten. Dies bedarf beständiger Willenskraft.

Vermeiden Sie absonderliche Sparappelle: „Wenn wir nicht mehr jeden Tag 'ne ganze Tafel Schokolade verdrücken, spart das täglich mehr als 75 Cents. Das brächte im Jahr fast 300,– €. Und bis du in 15 Jahren selbst verdienst, wären das schon 4.500,– €."

Wecken Sie das Sparbewusstsein und den Sparwillen eher durch Ihr vorbildliches Verhalten und in gelegentlichen Gesprächen.

Tendenziell sparen jüngere Kinder einen größeren Anteil ihres Geldes als Jugendliche, Grundschüler etwa 30 %, Jugendliche 20 % (Claar 1996, 189). Auszubildende und Berufstätige heben ihre Sparquoten dann wieder auf knapp 30 % an. Bis ins hohe Alter bleibt dann das Sparbuch der beliebteste Sammelbeleg.

Ich rate strikt ab, Kinder selbst für die Ausbildung, für die Aussteuer oder allgemein für später ansparen zu lassen. Das überfordert den kindlichen Horizont, so wie schon die 24 Tage bis Weihnachten trotz Türchenkalenders kaum überblickt werden.

Wollen Verwandte dennoch weit vorausschauend für ein Kind ansparen, sollten sie dies tun, ohne das Kind zu informieren oder zu beteiligen.

Als Aylin zehn Jahre alt wurde, eröffnete ihr die allein erziehende Mutter, dass die Verwandtschaft schon lange für ihre Ausbildung spare und jetzt bereits 7.000,– € auf dem Konto lägen. Aylin war begeistert. Sie fühlte sich unendlich reich und glaubte, niemals arbeiten zu müssen.

Die Mutter musste nun mehrmals mit dem Mädchen durchrechnen, dass man nur wenige Monate mit diesem Betrag zurechtkommen könnte. Aylin musste sich enttäuscht wieder auf Schule, Hausaufgaben und Nachhilfe einlassen.

Es gibt noch eine sehr wesentliche Möglichkeit, das Verständnis für den psychischen Wert des Geldes und von Präsenten zu vertiefen: Neben dem schon angesprochenen Dankeschön sollten Kinder auch angehalten werden, sich schriftlich zu bedanken. Die VorschülerInnen mit einem Buntstiftbild, die Schreibkundigen mit einigen Zeilen – symbolische Worte für symbolisches Geld sozusagen.

Hausdienste

Solange noch nichts schöner ist, als das Gleiche zu tun wie die Großen, saugt ein jüngeres Kind fleißig mit dem Akkusauger hinter Mutters großem Nachzieher her. „Kann ich mitmachen?" lautet die übliche Frage. Und schon wird freiwillig und begeistert getan, was ein paar Jahre später als Hausdienst angewiesen und konsequent durchgesetzt werden muss. Solches Mitmachen ist löblich, geschieht meist herzlich miteinander und ist auch eine kleine Belohnung wert. Aber keinesfalls mit Geld belohnen, und nicht jedes Mal!

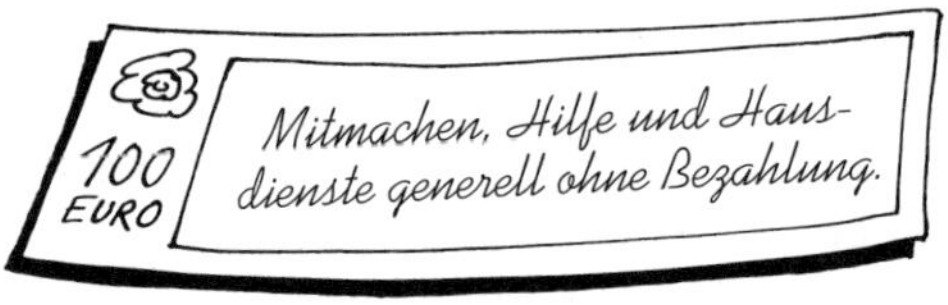

In großen Familien werden die Geschwister selbstverständlich in die notwendigen Hausdienste einbezogen: Vom anfänglich gemeinsamen Spielzeug-Wegräumen über die Mithilfe beim Tischdecken bis zum Treppefegen. Das fördert viele Fähigkeiten, stärkt die familiäre Solidarität und trainiert die Selbstständigkeit.

Manche Geschwister wählen eigene Hausdienste, andere wechseln reihum ab. Meist wird die Verteilung alle paar Wochen neu ausgehandelt. Ein 5-jähriges Kind beispielsweise saugt dann mit dem leichten Akkusauger die Krümel unter dem Tisch auf, während sein Bruder oder seine Schwester den Geschirrspüler einräumt.

Komplikation: Wächst das Jüngste aus den einfachen Arbeiten heraus, mag vielleicht keines der älteren Kinder den „Babykram" übernehmen. Doch solidarische Arbeit hat erzieherischen Wert, also fallen irgendwann auch die leichteren Dienste wieder den Älteren zu und die Nachwachsenden sind stolz, die Aufgaben der „Großen" zu bewältigen.

- Vorschüler können Papierkörbe leeren und herumliegende Blätter zum Altpapier stapeln.
- Getränke- und Leergutdienst werden in sehr vielen Familien wochenweise auferlegt.
- Auch wenn alle Esser ihr Geschirr selbst wegtragen und vielleicht auch in die Maschine räumen, können Tischdecken und Ausräumen der Spülmaschine als Dienste vergeben werden.
- Später fällt der Küchendienst insgesamt an die Geschwister.
- Schulkinder gießen die Fensterpflanzen, wässern den Garten und können auch einmal die gesamten Zweiräder putzen.
- Ältere SchülerInnen können die Wäsche vom Ständer nehmen und ihre gewaschenen Socken zusammenstülpen.
- Schuheputzen, Treppeschrubben, Badwischen und Klobürsten scheinen allgemein unbeliebt, der Mülldienst ebenfalls.
- Fahrten zu Post und Stadtbücherei sowie Einkaufsgänge mit Rucksack hängen von der örtlichen Verkehrssicherheit ab.
- Großgewachsene Jugendliche versorgen die Wäsche am hohen Ständer und in den Schränken mühelos. Bügeln geht mit Kopfhörern.
- In Bedarfsintervallen Kaffeemaschine und Elektrozahnbürsten reinigen zu lassen, übt den haushälterischen Blick und die mittelfristige Verlässlichkeit.

Zwar müssen Mutter und/oder Vater immer wieder rechtzeitig auf Vorabsprache drängen, wer wann welche

Hausdienste leistet, und konsequent kontrollieren. Doch bleibt, sofern der Haushalt gemeinsam betrieben wird, mehr Zeit für den Familienausflug, die Begleitung zum ersten Auftritt mit der Flöte und letztlich sogar für jeden Einzelnen.

§ 1619 BGB: „Das Kind ist, solange es dem elterlichen Haushalt angehört und von den Eltern erzogen oder unterhalten wird, verpflichtet, in einer seinen Kräften und seiner Lebensstellung entsprechenden Weise den Eltern in ihrem Hauswesen und Geschäft Dienste zu leisten."

„Du solltest noch deine Sachen zusammenräumen!" „Keine Zeit!" „Also, jetzt drücke ich noch einmal ein Auge zu. Aber wann genau holst du's nach? Sage es mir genau, bitte!"

Die Entgegnung des Kindes mag im Moment zwar stimmen, denn hoffentlich weiß auch Ihr Kind Interessanteres zu tun als aufzuräumen. Aber augenblicklicher Zeitmangel entlastet nicht von angemessener Selbstständigkeit. Also ist Zeitmanagement gefragt: Zeit hat man nicht, die muss man sich nehmen, zuerst für die Notwendigkeiten! Wer das nicht selbst schafft, braucht Hilfestellung.

Reagiert ein „Drückeberger" nicht auf Ermahnungen, so erwartet er wohl keine Konsequenzen. Dann wird wahrscheinlich eine Wiedergutmachung Wunder wirken:

„Nun hatte ich dir mehrfach erklärt, dass ich nicht über deine Sachen stolpern will. Inzwischen habe ich selbst weggeräumt. Zum Ausgleich hilfst du mir beim Treppenhaus, sagen wir 10 Minuten, das reicht zum Runterwischen. Bitte jetzt und sofort!"

Saugt ein Kind beim Hausdienst wieder einmal lediglich die geraden Bahnen durch das Wohnzimmer, könnte das am Samstagvormittag gründlicher nachgearbeitet werden. So etwas motiviert Teenager zum „O.k., o.k., lieber jetzt als wieder am Samstag." Übrigens können auch Putzaktionen am Wochenende mit Mama und/oder Papa als Vorputzer kindgemäß lustig ablaufen.

Wer gar nicht kooperieren mag, muss die Konsequenzen tragen, die zuvor angekündigt wurden: „Erst die Arbeit, dann das Vergnügen, auch wenn jetzt die Freunde draußen warten."

Am Tag danach läuft es wahrscheinlich schon besser.

Zeitweise können Vorabsprachen beim Mittagessen notwendig sein: „Was steht denn heute alles noch an? Also erst dies, dann das, danach ..." Planen Sie einen Spielraum für die üblichen Unvorhersehbarkeiten ein, ein Telefonat, die kleine Katastrophe im Kinderzimmer, den Geschwisterstreit. Sind die Hausdienste eingespielt, entstehen beim Warten auf die Anderen, oder weil man schnell fertig wurde, sogar echte Verschnaufpausen, Zeit zum Nachsinnen ...

Weiterlesen? Liebenow, H. (1999): Konsequenz – Wie Eltern lernen, was Kinder brauchen. Rowohlt, Reinbek.
Die Fähigkeiten, aus sozialen Folgen zu lernen, entwickeln sich in aufeinander aufbauenden Phasen. Im Buch wird konkret geschildert, welche altersgemäßen Konsequenzen von der frühen Kindheit bis zur Pubertät zur Bildung der Moral und der Selbststeuerung beitragen.

Buchführung

Zum Ende der Grundschulzeit sollten Kinder den alltäglichen Umgang mit Geld beherrschen. Sie sollten

- Münzen kennen und wechseln,
- Taschengeld planvoll kalkulieren,
- bewusst anschaffen und konsumieren,
- Preise registrieren und ungefähr vergleichen,
- mitrechnen und Restgeld herausgeben lassen,
- verlässlich sparen, schenken, verleihen und borgen,
- Geldbeutel schützen und die Bank benützen,
- in Hausjobs erstes Geld verdienen,
- Buch führen und Rat einholen.

Das meiste Geld dürfte auf dem Konto liegen. Mehr oder weniger viele Münzen beschweren die Spardose. Im Geldbeutel sieht es von Tag zu Tag anders aus. Vermutlich verbergen sich noch Restbeträge in Schubladen und Hosentaschen. Und manches Kind hortet gar Geheimes, für Mamas Geburtstagsgeschenk, die Baumhausbande oder gar verbotenes Spielzeug.

Geld strömt aus so manchen Ecken, fließt aber in noch mehr Richtungen davon.

Viel Geld aus dem Portemonnaie wird in Schleckereien, Saft und Trendspielzeug umgesetzt werden. Weiteres geht vielleicht ins Schulfrühstück, obgleich doch Mutters Obst im Ranzen rollt. Und Radiergummi, Batterien, Sticker und Sammelbilder kosten auch.

Aus der Spardose beglichen werden vielleicht ein Fahrradwimpel, Geburtstagspräsente, Ersatz des zerbrochenen Bilderrahmens, neue Kopfhörer und wer weiß noch was?

Und vom Sparbuch genommen werden üblicherweise nur größere Beträge, für das Ersatzlaufwerk im PC beispielsweise. Aber im Sparbuch sind alle Vorgänge wirklich nachvollziehbar eingetragen. Das ist ein gutes Modell für die eigene Buchführung!

Korrekte Bücher galten auch den Florentiner Bankiers als A und O ihres Gewerbes. Deshalb unterwarfen sie sich eigenen Regeln. Beispielsweise der, dass die Eintragungen noch im Beisein des Kunden zu erfolgen hätten. Oder dass keine – nachträglich ausfüllbaren – Lücken gelassen werden durften (Zarlenga 1999, 115).

Ihr Kind wird eher bereit sein, ab und zu Buch zu führen, wenn es dergleichen nicht nur bei der Bank, sondern auch bei Ihnen gesehen hat. Idealer Anlass, Vormachen und Beteiligung zu verbinden, ist die Ferienplanung oder wenn Kinder Geld leihen müssen oder auf etwas Besonderes sparen wollen.

1. Haben: „Wie viel Geld haben wir woher für die Ferien? Und was hast du dir für die Zeit zurückgelegt?"
2. Liste: „Mit wie viel müssen wir ungefähr rechnen – für Ausflugstickets, Sprit etc.? Und du – für Schleckereien, Freibadkarte, Film für den Fotoapparat etc.?"
3. Budget: „Wie viel wollen wir jetzt wirklich wofür vorsehen? Und wie viel willst du ungefähr für deine Vorhaben ausgeben?"

Computer-Kids lassen sich wahrscheinlich auf die Führung einer eigenen Budget-Datei ein. Es gibt günstige Programme zu kaufen und kostenlose als *shareware*: Ältere Computerfreunde wissen, wie und wo man sie gratis bekommt.

Da in den oberitalienischen Handelsdepots sowieso Listen der ausgegebenen Depotscheine geführt wurden, konnten die verschiedenen Beträge auch ohne Bargeld gegeneinander verrechnet werden. Nun war aus den akribisch geführten Büchern für Soll und Haben die Gesamtbilanz schnell und präzise ablesbar. Und der verbliebene Betrag konnte in einem einzigen Vorgang ausgezahlt oder eingezogen werden.

Das Florentiner Bankhaus *Peruzzi und Bardi* beispielsweise verrechnete zwischen dem römischen Papst und den englischen Kirchen.

Laut Vertrag vom 9. 6. 1317 wurde das von den englischen Kirchen für den Vatikan gesammelte Geld in der Londoner Filiale der Bankiers eingezahlt. Die beließen die Summen am Ort, sandten aber einen „Wechsel" darüber nach Florenz. Das Schreiben kam per Schiff und Kutsche ohne Gefahr des Raubes oder Untergangs des Geldes schnell in Rom an.

Dort zahlte die Bank dem Papst den Wechsel in dortigem Geld aus.

Bei Gelegenheit kauften nunmehr die Londoner Bankiers mit dem dort deponierten Geld gute Wolle englischer Schafe, die sie per Schiff nach Italien verfrachteten und dort für Geld verkauften, das wiederum die Beträge ersetzte, die dem Papst dort ausgezahlt worden waren.

Ich empfehle Ihnen eine etwas unkonventionelle Liste mit 7 Spalten: Datum, Einnahme, Einnahme-Betrag, Kassenstand, Ausgabe-Betrag, Zweck sowie Bemerkungen/ Tipps.

Die Tipp-Spalte rechts ist sehr wichtig! Anfänglich mögen oberflächliche Wertungen hineinkommen, z. B. ein Plus für die Süßigkeiten, weil sie geschmeckt haben. Oder ein Minus für den Flummi-Ball, der schon wieder verloren gegangen ist. Durchaus humorvoll werten!

Später stoßen Sie behutsam sinnvolle Vorsätze an: „Kaufst du dir so einen Flummi-Ball wieder?" ... „Also, schreibe doch rein: 'keine Flummis mehr'!" Vielleicht müssen auch einmal sehr schwierige Vorsätze durchdacht werden, z. B. wenn sich das Kind gegen Erpressungen oder Sozialdruck zu wehren hat. Gegebenenfalls können Kringel offene Vorgänge markieren, die später mit Linien zum begleichenden Vorgang quasi abgehakt werden.

Tabelle 2: Buchführungsvorlage für Kinder (Geborgtes Geld wird zunächst als Einnahme verbucht. Erst die Rückzahlung gilt als Ausgabe.)

Datum	Einnahme	Einnahmebetrag	Kassenstand	Ausgabe	Zweck	Bemerkungen/ Tipps
1. 1.	Übertrag		1,10			0,54 verloren!
1. 1.	von Oma geschenkt	+ 10,00	11,10			
4. 1.			9,60	– 1,50	Schleck	am Kiosk zu teuer
11. 1.			2,62	– 6,98	Geburtstag Kira	
12. 1.	Schuhe putzen	+ 2,00	4,62			fast eine Stunde!
22. 1.	Pump von Klara bis 1. 2.	+ 2,00	6,62			
22. 1.			2,13	– 4,49	Batterien	für Akkus sparen
1. 2.	Taschengeld	+ 4,00	6,13			
1. 2.			4,13	– 2,00	Pump an Klara zurück	

3 Zuverdienste und Zulagen

Grundschulkinder mögen Geld immerhin schon als Entschädigung für Arbeit statt lustvollerer Betätigungen empfinden, und etwa 10-Jährige beginnen zu erfassen, dass Geld für den Wert erarbeiteter Produkte steht. Aber in welchem Verhältnis? Fragen Sie einmal: „Wie lange, denkst du, arbeite ich für ein Paar Schuhe zu 50,– €?"

Kindergartenkinder nehmen diesen Merksatz zunächst gutgläubig hin, entdecken seine Bedeutung aber erst häppchenweise.

Schulanfängern erklärt die Verbindung, dass manches Bemühen mit etwas Geld belohnt wird.

Ältere Schulkinder hören heraus, dass die Eltern das Eintrittsgeld für den teuren Erlebnispark bereits zuvor verdient haben und dass nun die Spaßmacher für ihren Anteil an diesem Eintrittsgeld arbeiten.

Teenager begreifen die prinzipielle Bedeutung des

Merksatzes spätestens dann, wenn sie sich selbst mühsam etwas Geld durch kleine Jobs erarbeiten.

Nun erhält ein großelterlicher Hunderter angesichts der einstmals dafür fleißigen Hände besondere Wertschätzung.

Schuldner erinnert diese Kurzerklärung daran, dass auch der geringste Kleinkredit mühsam nachgearbeitet werden muss.

> Der berühmte amerikanische Verleger, Politiker und Naturwissenschaftler *Benjamin Franklin* bestimmte 1729 die Deckung des Geldes neu. Silber und Gold seien nicht von dauerhaftem Wert und in den jungen Staaten knapp. Jedoch könne die Arbeit den Wert des Geldes decken. Im alten England postulierte Bischof *George Berkeley* die Grundlage des Geldes in Arbeit knapp 10 Jahre später in Frageform: „Ist nicht die Macht, von anderen Fleiß zu verlangen, der wahre Reichtum ...?“ (Zarlenga 1999, 230ff)

Ohne derartiges Grundverständnis fehlt Jugendlichen die Wertschätzung für das Geld. Falls erforderlich, können Sie die Erklärung psychologisch verschärfen: „Geld ist bereits geleistete Arbeit“.

Zum Weiterlesen empfohlen: Neiser, B. (2000): Max macht Mäuse. Der Geld-Ratgeber für Kinder. Moses, Kempen.
Nett illustrierter Bildband von Geldgeschichte über Willi Wirbelwinds Haus- und Gartenservice bis zu Aktien für Jugendliche; für Kinder ab 10 Jahren geeignet.

Pädagogische „Kinderarbeit“ wird beschrieben unter www.kinderhaus-elsaesser-platz.de/Seiten/kinderamt.htm

Dank sozialpolitischen Fortschritts sind Kinder glücklicherweise gesetzlich vor Erwerbsarbeit geschützt. Laut Jugendarbeitsschutzgesetz, 1890 verkündet, ist Erwerbstätigkeit von Kindern verboten (§ 5). Ausnahmen sind u. a. formuliert für werktäglich maximal 3 Stunden Erntehilfe, 2 Stunden Austragen von Zeitungen und Zeitschriften, 2 Stunden Handreichungen beim Sport. Voraussetzung: Die Beschäftigungen sind leicht und für Kinder geeignet, liegen nicht nachts zwischen 18 und 8 Uhr oder während des Schulunterrichts und beeinträchtigen auch sonst das schulische Fortkommen nicht.

§ 6 ermöglicht der Aufsichtbehörde nach Anhörung des zuständigen Jugendamtes die Bewilligung der Mitwirkung an gestalterischen Veranstaltungen, z. B. Theatervorstellungen, Musikvorträgen.

§ 7 untersagt die Erwerbsbeschäftigung von Jugendlichen unter 15 Jahren.

Hausjobs

Wie sie zum nötigen Geld kommen, erzählen manche Kids ganz freimütig.

„Und was machst du, wenn du unbedingt was willst?" Prompte Antwort von Malte, 11 Jahre, Realschüler, unter der Schirmmütze heraus:

„Nerven, einfach nerven, ewig. Irgendwann klappt's schon."

„Wofür nervst du am häufigsten?"

„Für was weiß ich, also neue Turnschuhe. Und wenn ich dringend ein Extra-Geld brauche, für Videospiele und so."

„Macht deine Schwester das genauso?"

„Genauso – nee, anders. Die jammert mehr rum und so. Immer so quengelig. Ich helf' ihr dann, erklär', warum und wieso die das braucht. Das zieht immer. Manchmal schleimt die auch rum. ‚Paps, bitte, bitte' und so – nicht zum Aushalten. Da muss ich raus."

„Ist das Nerven nicht gemein?" hake ich nach.
„Och, die sollen halt was rausrücken, die haben doch genug!"

Etwa ab Schulübertrittsalter wäre tatkräftiger Zuverdienst, anfänglich noch im Elternhaus, die wünschenswerte Methode der Geldbeschaffung.

Bezahlte Haus*jobs* sollten eindeutig festgelegt werden. Wandeln Sie nicht bisher selbstverständlich unbezahlte Haus*dienste*, beispielsweise den eingespielten Küchendienst, in bezahlte Hausjobs um. Sonst könnte der Eindruck entstehen, vorübergehende Arbeitsverweigerung würde sich schnell auszahlen.

Schaffen Sie stattdessen entwicklungsgemäß neu möglich werdende Hausjobs als Verdienstmöglichkeiten, beispielsweise Vaters Post wegbringen, Mutters Fahrrad wöchentlich putzen, Opas Einkäufe tätigen, den gemeinsamen Rasen mähen.

Der Wert des römischen Geld basierte auf den jahrhundertelang importierten Schätzen und Waren aus den eroberten Ländern.

Das arme frühmittelalterliche Europa hingegen musste bezüglich des Geldes neu anfangen. Man produzierte, handelte und verwaltete kleinräumig. Bauern erbrachten den Zehnten in Naturalien. Leibeigene bauten die Burgen ihrer Herren in unbezahltem Frondienst. Feudalherren stellten den Königen ihre Pferde und Knappen zur Verfügung.

Viele Münzen galten nur im Fürstentum ihrer Herstellung. Lediglich Händler, Baumeister und Durchreisende zahlten mit den übrig gebliebenen römischen Münzen oder dem neu eingeführten „Karlspfennig".

Tipp: Erstellen Sie bei der jährlichen Taschengeldkonferenz eine Liste aller Hausdienste, die gratis zu erledigen sind, und eine weitere Liste der bezahlten Hausjobs mit Lohnangabe.

Für letztere Liste bewährt sind, sofern noch nicht als Hausdiensten vergeben:

Teppichsaugen und Rasenmähen, Autowaschen und Balkonmöbel schrubben. Altglas sammeln und wegbringen. Waschbecken schrubben. Klo putzen, Treppenhaus wischen. Wäsche auf- und abhängen. Bügeln, Wäsche einräumen.

Garage ausspritzen funktioniert bestens. Innenfenster putzen scheint allgemein unattraktiv und ist manchmal zu gefährlich. Blumengießen beruhigt. Brennholz stapeln erfordert Geschicklichkeit, trainiert aber die Muskeln. Kellnern bei Erwachsenenbesuchen und Familienfeiern wird gerne übernommen.

Kleinreparaturen, Türen mit Politur einlassen, Kunstdrucke in den Wechselrahmen tauschen und Umtopfen sind sehr sinnvolle Jobs.

Fest dotierte Hausjobs ersparen allen Beteiligten das Betteln um Nachschlag oder Vorschuss und bringen abzugsfreien Zuverdienst zum Taschengeld. Schon deshalb muss der Lohn für das Wäscheaufhängen nicht dem Stundenlohn einer professionellen Haushaltshilfe entsprechen.

Man beginnt mit kleinen Einzelaufträgen, wie „Altglas entsorgen bringt 10 Cent", und steuert gezielt auf eine Liste zu.

Manche Eltern bezahlen der/dem Jugendlichen für eine ausführliche Autowäsche, mit Vorwäsche, Shampoo-Gang, Nachspülung und Säubern von Türschwellen und Radkästen nur 2/3 des Preises der Waschstraße. Denn sie müssen nachkontrollieren und die Wasserrechnung begleichen. Andere Eltern geben den vollen Preis aus, stehen dafür aber nicht in der Schlange vor der Waschstraße. Egal, das ist Familienstil.

Selbstverständlich dotiert jede Familie nach eigenem Ermessen. Bei Beschwerden kann auf den offiziellen Markt für Nebenjobs verwiesen werden.

Tätigkeiten des Kindes für sich selbst sollten weiterhin grundsätzlich unbezahlt und selbstverständlich bleiben. Das eigene Zimmer aufräumen beispielsweise, das eigene Fahrrad reparieren, die eigenen Schuhe putzen.

Ebenso die spontane Hilfe hier und da: Eine schwere Tüte abnehmen, schnell den Wäscheständer ins Trockene rücken und dergleichen.

Auch Freundschaften, Hobbys, Sport und musische Betätigungen gelten als unbezahlbare Freudenbringer, wenngleich durchaus lobens- und unterstützenswert.

Genauso sind Schulbesuch und Schulaufgaben unbezahlte Pflichten. Einzelne Belohnungen für besonders intensiv erarbeitete Leistungen stehen dem nicht entgegen.

Bleiben die unbezahlten Hausdienste unerledigt, nutzen Sie die gewonnene Option:

„Bevor du den Hausjob bezahlt kriegst, solltest du deine normalen Dienste im Haus erledigen, also erst mal dein Zimmer aufräumen und dann sehen wir weiter."

Das Elternhaus kann die Arbeiten besser auswählen und die Löhne individueller anpassen als der freie Markt. So reserviert man z. B. behinderten Jugendlichen, die selten andere Zuverdienstmöglichkeiten finden, die passenden Hausjobs.

Streiten die Geschwister, wer dieses Mal den Lohn eines Hausjobs verdienen darf, ist der Zweck erfüllt. Denn mit Hausjobs derart auf den Geschmack gekommen, ist der Schritt zum offiziellen Nebenjob des/der Jugendlichen nur noch klein.

Garagenhandel

Handel ist eine uralte Methode des Geldverdienstes: Ware billigst beschaffen und so profitabel wie möglich wieder verkaufen.

Dass die Preise nicht nur fair sein sollten, sondern zwischen Angebot und Nachfrage pendeln, übersteigt noch das Verständnis vieler 10-Jähriger. Den Zweck, aus der Spanne zwischen Einkauf und Verkauf die Unkonsten zu decken und Profit zu erwirtschaften, erfassen Jugendliche oft erst in der Berufsschule.

5- bis 15-jährige Straßenkinder der brasilianischen Großstadt Recife wurden beim Kleinhandel beobachtet. Die Kids kauften bei ihrem Zwischenhändler Großpackungen Drops oder Nüsse ein, zerlegten die Ware in kleine Einheiten und verkauften diese an Passanten weiter.

Die jüngeren Kinder gestalteten ihre Preise, ohne ihr Profitinteresse selbst erklären zu können, wie es ältere Vorbilder empfahlen. Die Älteren hingegen kalkulierten sogar die tägliche Inflation in ihre Preise ein (Claar 1996, 83 ff.)

Zwei Freundinnen der 3. Klasse verfielen beim Heimweg von der Schule auf die Idee, ausrangiertes Spielzeug, Kinderschmuck und Sonstiges bei einem Flohmarkt zu verkaufen. Irenes Vater bot sofort die Garage an, Célines älterer Bruder gestaltete am Computer die Infoblätter und machte auch gleich mit.

So platzierten die Drei am Samstagnachmittag die Gartentischchen. Sie drapierten Auslagen, schrieben fleißig Preiszettel und sorgten für Musik. Als verspätet zwei Jungs, Kai und Serkan, mitmachen wollten, mussten sie je 1,– € Standgebühr entrichten.

Pünktlich um 16 Uhr eröffnete der Garagenshop. Anfangs schauten nur Freunde und Kinder aus der Nachbarschaft vorbei, abends auch deren Eltern und Passanten.

„Bei mir lief's super, 9,70 € eingenommen", bilanziert Irene hinterher.

„Ich hab' nicht so viel verkauft. Die Leute, die da waren, haben fast bloß geguckt. Das war mir peinlich", bedauert Céline.

Ihr älterer Bruder wurde wiederholt für die Grafik seiner Werbeblätter gelobt und hat prompt seinen ersten Auftrag für eine Geburtstagseinladung erhalten.

„Die Leute vom Eckhaus waren da und haben meine alte Holzeisenbahn gekauft. Für 6,– €, ist doch super. Und dann war da noch ein Mädchen, das hat die Spielfiguren mitgenommen. Alle für nur 50 Cents", freut sich Kai.

Und Serkan bemerkt, dass bei 1,– € Standgebühr ein besserer Standplatz für seinen Tisch hätte drin sein dürfen. Dennoch habe er alle seine Computer- und Konsolenspiele an Jüngere verkauft und sogar eine Liste für Nachlieferungen angelegt.

Das war Handelsschule par excellence. Die fixen Flohmarkthändler planten und warben. Sie diskutierten unterschiedliche Preisvorstellungen, arrangierten ihre Präsentationen um und kassierten Standgebühr. Sie taxierten die Kaufbereitschaft der Interessenten, verhandelten, verarbeiteten Frust und erkannten Ladenhüter und Verkaufsrenner.

Handeln ist Marktwirtschaft. Die Preise sind weder gerecht noch festgelegt, sondern Verhandlungssache. Gute Präsentation muss sein, aber die Kunden wollen trotzdem nur wenig zahlen. Was sich gut verkauft, wird wieder besorgt, aber die günstige Quelle bleibt Geschäftsgeheimnis. Der Profit ist erarbeiteter Verdienst.

Ein erster Suez-Kanal wurde wohl vor mehr als 3000 Jahren unter dem ägyptischen Pharao *Ramses II.* gebaut und immer wieder instand gesetzt.

Diesen Handelsweg nutzten seit etwa 1000 n. Chr. auch die Venezianer und Araber für sagenhafte Gewinne: Kostete in Europa 1 Gramm Gold etwa 12 Gramm Silber, gab es in Indien für die 12 Gramm Silber etwa 2 Gramm Gold zurück.

Also exportierten die venezianischen Kaufleute offiziell Eisen, Holz und Sklaven gegen indischen Pfeffer, chinesische Seife und orientalisches Parfum. Und im Verborgenen tauschten sie so viel Gold gegen Silber, dass Venedig ständig neue Golddukaten prägen konnte, während in ganz Europa das Münzsilber knapp wurde.

Sponsorengeld

Lob motiviert die Absicht, Belohnung bestätigt das Ergebnis, und eine Zulage unterstützt die Willenskraft.

Aber widerspenstige Jugendliche lassen sich weder mit Lob noch mit aufwändigen Belohnungen „kaufen“.

Man kann also vorzugsweise das unterstützen, was Jugendliche sowieso tun und was den Eltern zugleich relativ förderungswürdig erscheint.

Tobias beschwert sich: „Zum Karate kriege ich alles, aber zum Kicken kriege ich nie etwas dazu. Das ist doch Erpressung!"

„Ja, Tobias. Ihr trefft euch oft zum Kicken, o. k. Aber du willst in keinen Verein und ihr bolzt immer bloß so 'rum. Deshalb unterstützen wir das nicht extra. Zum Karate hingegen gehst du regelmäßig. Da trainierst du, wirst immer besser, und ihr fahrt schon zu Turnieren. Das unterstützen wir lieber."

Was hier als Erpressung angeprangert wird, nennen Soziologen Gratifikation, Punker Knete, Politiker Sponsoring und ich nenne es Zulage. Es kommt auf die Offenheit im Umgang damit an.

Denn eigentlich gesteht der Nachwuchs seinen Förderern durchaus zu, nicht alles unterstützungswürdig zu finden. Im Gegenteil: Undifferenzierte Anerkennung wirkt unglaubwürdig, untergräbt die Autorität, verwöhnt und schafft falsche Illusionen. Aber die Einflussnahme muss liebevoll gemeint, altersentsprechend begründet und offen dargeboten werden. Sonst würde sie als hinterhältig empfunden werden und Widerstand wecken.

Die ersten Zulagen kommen meist beiläufig zustande: „Also, für eine billige Cola gebe ich nichts, aber für einen frisch gepressten Saft gebe ich dir den Mehrpreis dazu."

Oder, falls ein Kind einfach nichts sparen mag: „Zu jedem Euro, den du für das Sparkonto abzweigst, lege ich vorerst Zehncent oben drauf."

So eingeführt, können bald auch finanzielle Eigenanteile des Kindes gefördert werden: „Du brauchst wirklich größere Skater. Aber du bist mit den alten recht sorglos umgegangen. Deshalb geben wir dir für ein einfaches Paar 50,– €. Wenn du was Besseres willst und von deinem Gesparten dazugibst, verdoppeln wir deine Beiträge."

Reagierte die flotte Susi gleich mit der Rückfrage, ob sie bei einem billigeren Paar für nur 40,– € den Rest behalten dürfe, könnten sich die Eltern glücklich schätzen, denn das Mädchen kalkuliert: „Nun, dann machen wir umgekehrt ebenfalls Halbe-Halbe!"

Klagte hingegen der sparunwillige Jonas, dass er so ja nie zu den ersehnten Flitzern käme, wäre das ein guter Anlass für einen Finanzierungsplan. „Tatsächlich, in deinem Sparbuch sieht es finster aus. Also schauen wir nach besonders lohnenden Hausjobs und legen bis zum Skaterkauf noch etwas drauf."

Etwa um 1500 florierte auf den Reichsstraßen und Flüssen ein intensiver Handel mit Nahrungsmitteln, Salz, Stoffen, Bodenschätzen, Baustoffen, Gewürzen und anderem quer durch Europa. Und da, wo die italienischen Waren über die Alpen kommend ins nördliche Reich verteilt wurden, etablierten sich große Handelshäuser mit immensen Geldumsätzen, die Augsburger Fugger allen voran. Die besorgten mit viel Bestechungsgeld, dass transporterleichternde Straßen gebaut wurden, förderliche Gesetze auf den Weg kamen, wohl wollende Könige und Kaiser gewählt wurden. Von den Augsburger Fuggern weiß man inzwischen sogar, mit welchen Summen sie die Kurfürsten für die Wahl ihres Favoriten, des späteren Kaisers Karl V, bestachen.

Beginnt ein Kind oder Jugendlicher ständig Neues, um es alsbald wieder abzubrechen, dürfte auch ein neuerliches Versprechen, diesmal wirklich dabei zu bleiben, kaum Bestand haben. Dann gilt: Vorleistungen statt Versprechungen!

Der 12-jährige Lars wünscht sich zum Geburtstag sehnlichst ein Schlagzeug. Doch es soll ein vollständiges sein – und das kostet.

Da Lars schon manches teure Geschenk erhielt, doch bald in der Ecke verkommen ließ, erwarten die Eltern diesmal eine Vorleistung: „Wenn du ein halbes Jahr lang den Gitarrenkurs bei der VHS mitgemacht hast und die Noten und Takte etwas kannst, reden wir über ein Schlagzeug!"

Lars versucht einen neuen Anlauf: „Das ist ja blöd, ich will ein Schlagzeug. Also erst das Schlagzeug, dann nehme ich auch Gitarrenstunden."

Die Eltern kennen ihren Sohn und beharren auf einer Vorleistung. Lars weicht aus: „Och, dann nehme ich eben das Konfirmationsgeld dafür."

Nun ist es an den Eltern zu entscheiden, ob sie den mühsameren Weg der Vorleistung durchstehen wollen oder die Scheinlösung zulassen. Denn sie müssen das Konfirmationsgeld nicht unbedingt freigeben. Das Gesetz verlangt vielmehr, größere Geldbeträge des Kindes verzinslich und mündelsicher anzulegen, z. B. in festverzinslichen Wertpapieren oder Sparkonten, und somit das Geld dem spontanen Verbrauch zu entziehen.

Vereinbaren Sie Vorleistungen wie einen Werkvertrag: Für diese Leistung zu jenem Zeitpunkt erhältst du Folgendes. Jüngere leisten eher etwas für Videospiele, Ältere für Handy und PC. Verhandeln Sie keine Arbeitszeiten, da es an einem Tag schneller und am anderen langsamer geht, sondern fertige Leistungen.

Solche Vorleistungen bereiten bestens auf selbstständiges Zuverdienen vor (siehe Kapitel Neben- und Ferienjobs).

Wenn zu leichtfertig geliehen wird, wirkt vielleicht ein „Umstands-Ausgleich", quasi als Gebühr oder als Gegenteil von Zulagen. Dabei muss es nicht um Geld gehen, kann aber.

„Doch, du hast mein Rad genommen, zwei Tage lang sogar. Weil deines wieder nicht in Ordnung war. Das erste Mal, naja. Beim zweiten Mal hast du aber wieder nicht gefragt. Und jetzt reicht es. Zum Ausgleich putzt du mir erst 'mal mein Rad. Und in Zukunft verlange ich vorher eine Leihgebühr, in Geld oder Mithilfe, wie du willst."

Manchmal wirken Zulagen paradox, wie das folgende Beispiel zeigt:

„Amélie fuhr nicht ungern Ski. Jedoch morgens, wenn die Pisten noch leerer sind, war's ihr zu kalt, mittags waren dann die Liftschlangen zu lang, und nachmittags war sie ja immer sooo kaputt.

Also beherrschte sie den ‚Einkehrschwung' zwischendurch perfekt: Vorhin 'ne heiße Schokolade. Jetzt 'ne kalte Cola. Bald wird's noch mal ein Snack sein müssen.

Dann gaben wir ihr mal ganz genervt gleich morgens 3 Franken für ihre Einkehrschwünge. Und siehe da: Das Mädchen fuhr den ganzen Tag mit uns und hortete ihr Geld für irgendwann. Seither kriegen die Kinder Extra-Feriengeld und alles läuft viel netter."

Den allermeisten Schülern werden gute Zensuren versilbert. Die Befürchtung mancher Fachleute, dies würde die Leistungsmotivation letztlich nur senken, kann ich nicht generell bestätigen.

Aber was tun, wenn sich das ältere Kind fleißig für seine Vierer anstrengt, während das jüngere die Einser und Zweier nur so aus dem Ärmel schüttelt?

Vorschlag: Für jede Arbeit mit besserer Note als im letzten Zwischenzeugnis gibt es eine Belohnung, 1,– € beispielsweise.

Und bei den Halbjahreszeugnissen gibt es für jede gleich gebliebene Zensur 2,– €, und für jede verbesserte 5,– €, beispielsweise.

Das belohnt die schwächeren und die stärkeren Schüler gleichermaßen, ergibt bei jedem Halbjahreszeugnis echtes Extrageld und motiviert zusätzlich zukünftige Willenskraft.

Gut situierte Mittelschichtfamilien mit klarer Leistungsorientierung legen oft verhältnismäßig billige Geschenke unter den Weihnachtsbaum: Ergänzungen zum Technikspielzeug, eine neue Spiele-CD, Bücher. Zusätzlich aber gibt es einen wertvollen Gutschein, vielleicht von mehreren Verwandten zusammengelegt: 500,– € Zulage für ein gutes Saxophon etwa.

Solch große Subventionen für konstante Interessen und/oder bereits Angespartes unterstützen persönlichkeitsprägende Hobbys und immunisieren gegen manche Pubertätsgefährdung.

Zulagen sind keine pädagogischen Wundermittel, sie klären aber die erzieherischen Zielsetzungen und fördern sinnvolle Aktivitäten. Ähnlich fordern budgetierte Grundbeträge die jugendliche Motivation und Selbstverantwortung heraus:

„O.K., du brauchst eine neue Hose, das sehe ich ein. Aber dir gefallen wohl nur die teuren Cargo-Jeans, das ist deine Sache. Also kauf' dir gerne, was du willst – ich gebe den Grundbetrag für eine normale Hose, und du legst den Rest selbst dazu."

12-Jährige akzeptieren diesen Modus eigentlich immer. Sobald die/der Jugendliche einen Stil gefunden hat und mit den Beträgen für Bekleidung zurechtkommt, kann das Kleidergeld monatlich dem Taschengeld zugeschlagen werden. Damit wiederum sollten, zumindest was die Alltagsbekleidung betrifft, 14-Jährige einigermaßen und 16-Jährige sicher zurechtkommen können.

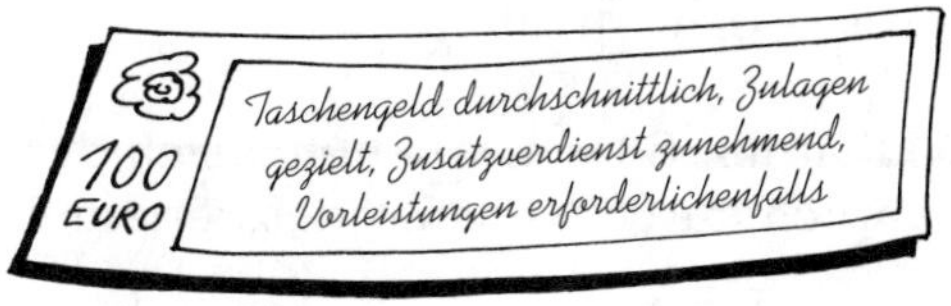

Bloßes Konsumgeld hilft Kindern nicht, im Gegenteil. Die Ansprüche und Erwartungen eskalieren, bis eines Tages die Erkenntnis, zurückstecken zu müssen, erbarmungslos akzeptiert werden muss. Haben Jugendliche schließlich die Erfahrung verinnerlicht, dass dem, der etwas leistet, auch etwas gegeben wird, ist eine weitere Sozialisationaufgabe erfüllt.

Zwischen 1493 und 1690 raubten Spanier schätzungsweise 1.230 Tonnen Gold und 60.440 Tonnen Silber aus Süd- und Mittelamerika. Etwa die Hälfte davon erbeuteten wiederum englische und holländische Piraten, häufig sogar im direkten Auftrag ihrer Regierungen.

Albrecht Dürer sah 1520 in Brüssel die wenigen von den Spaniern ausgestellten Schätze der Inkas. Eine Sonne aus reinem Gold, die einen Klafter breit war. Auch einen Mond aus Silber derselben Größe. Niemals sonst habe er derartige Kunstwerke gesehen, bewunderte Dürer die fantastische Erfindungsgabe der beraubten Südamerikaner.

Kurz nach der Ausstellung wurden auch diese indianischen Kostbarkeiten eingeschmolzen, um daraus Geld für die spanische Krone zu prägen, das sich schnell in Europa verbreitete. Die Spanier zahlten damit unproduktive Soldaten und Luxus und versäumten es, eine nachhaltige Infrastruktur aufzubauen. Das Land versank alsbald in Armut.

Neben- und Ferienjobs

Knapp 2 Milliarden Euro erarbeiteten sich die 15- bis 17-Jährigen jährlich durch Neben- oder Ferienjobs.

Tim und Tinas Tante schauspielert. So kamen beide schon ganz früh als Statisten auf die Bühne, die ihnen zwar nicht die Welt, aber interessanten Zuverdienst bedeutet.

Die Hälfte ihres Monatseinkommens verdienen sich die 15-Jährigen selbst. Jeder zweite Schüler der 8. bis 10. Klassen jobbt neben der Schule, 50% Zuverdiener auch in der gymnasialen Oberstufe. Sozialhilfe beziehende Jugendliche, meist bei allein erziehenden Elternteilen, sind regelrecht auf das Geld angewiesen.

Besonders beliebt sind bei den Jüngeren Jobs wie Urlaubstiere versorgen und Gassi führen, Rasenmähen in der Nachbarschaft, Zeitungen oder Prospekte austragen, Ballsammeln auf Tennis- und Golfplätzen, Babysitten.

Computerkönner konstruieren Webseiten, digitalisieren vergilbte Fotos und retten Festplatten im gesamten Bekanntenkreis – mit immensem Zeitaufwand, aber durchaus einem Zwanziger für den lang gewordenen Nachmittag.

Ältere SchülerInnen geben Nachhilfe, kassieren an Tankstellen, bedienen zu Stoßzeiten in Eisdielen und Ausflugslokalen, räumen Supermarktregale ein, wuchten Leergutkisten oder führen Interviews für Meinungsforschungsinstitute durch. Per Handy können die Jobber jederzeit Kontakt nach Hause halten und z. B. beim Babysitten um guten Rat bitten. Fragen Sie bei Andeutungen über ungute Arbeitsverhältnisse oder Gefahren interessiert nach. Oder schauen Sie selbst vorbei.

Eine (2001 noch etwas magere) Stellenbörse, Jobinfos, Durchschnittstaschengeld finden Sie unter www.schuelerjobs.de.

Die steuerlich geringfügig Beschäftigten finanzieren aus ihren Verdiensten insbesondere Modeklamotten, Unterhaltungselektronik, Konzertkarten, Musikinstrumente, spezielle Sportgeräte und Motorroller. Mädchen arbeiten dabei eher für ihr Outfit, Jungen häufiger für Mobilität. Kosmetika, Sprit, CDs, Getränke und Süßigkeiten werden meist vom regulären Taschengeld gekauft.

Laut Jugendarbeitsschutzgesetz dürfen Schulpflichtige ab 13 Jahren mit Einverständnis ihrer Eltern „leichte, für sie geeignete Arbeiten" übernehmen, maximal 2 Stunden täglich, nicht mehr als 10 Stunden wöchentlich, grundsätzlich nicht während der Schulzeit und nicht nachts zwischen 18 Uhr abends und 8 Uhr am Morgen danach.

Ab 14 Jahren dürfen in begrenztem Umfang bezahlte Nebentätigkeiten, wie Zeitungsaustragen, oder Ferienjobs, z. B. in der Fabrik, ausgeübt werden.

Erstaunlich, aber bezeichnend: Je höher der familiäre Sozialstatus und das Taschengeld, desto eher wollen Jugendliche Weiteres zuverdienen.

Jörg spielt Gitarre und andere Saiteninstrumente, will jetzt aber einen Syntheziser dazu. Er plant etwa 500,– € für ein Gebrauchtgerät.

Sein Taschengeld kalkuliert er nicht mit, das verbraucht er ohnehin. 300,– € will er vom Konto abheben. Mindestens 150,– € bringt ihm die Ferienvertretung beim Austrägerjob seines Freundes ein. Für den Rest spekuliert er auf eine Zulage der Eltern. Immerhin interessierte sich der Vater schon mehrmals für die Synthezisereffekte auf einigen CDs.

Nebenjobs von weniger als 10 Wochenstunden verschlechtern die schulischen Leistungen selten. Eher teilen Jungjobber ihre Zeit besser ein, gehen die Hausaufgaben etwas flotter an und sehen weniger fern.

Zudem sollten, sofern nicht gerade eine besondere Krisenzeit durchzustehen ist, ohnehin nicht alle Kräfte nur auf die Schule gerichtet sein müssen. Denn Hobbys und Jobs bieten Einblicke in das reale Wirtschaftsleben, Umgang mit echten Vorgesetzen, Kollegen und Kunden, und vermitteln wertvolle Zukunftsperspektiven.

Keine Sorge: Zuverdienste machen zunächst nicht materialistisch, sondern bewusster. Die selbstständige Finanzierung der pubertären Selbstinszenierung stärkt das Selbstbewusstsein. Die Mühen des Geldverdienens lassen überlegter konsumieren. Die höheren Geldbeträge ermöglichen sinnvollere Anschaffungen. Die notwendigen Kontakte und Verbindlichkeiten machen sozial souveräner.

Immerhin einen kleinen Vorgeschmack auf das spätere berufliche Einkommen gestattet die Unterschiedlichkeit der Stundenlöhne für Ferienjobs. Bereits 50 Cents die Stunde mehr oder weniger machen in vier Wochen etwa 80,– € aus. Und allein das machte in einem Berufsjahr etwa 1.000,– € Unterschied in bar!

Manchen Jugendlichen erscheint ihr Ferienjob wie eine warme Gelddusche, anderen wie eine überfordernde Zurücksetzung. Gartenarbeit zehrt an den Körperkräften, Kleinteilmontage am Band erfordert Dauerkonzentration, eine Fragebogenaktion prüft die Kontaktfähigkeit. Das kann aufmerksame Begleitung und psychische Unterstützung erfordern.

Etwa 390.000 junge Leuten haben Probleme mit dem Übergang zwischen Schule und Ausbildung oder Beruf. Berufspraktika, ein Freiwilliges Soziales Jahr, ein Au-Pair-Jahr im Ausland oder ein Freiwilligendienst können außerordentlich weiterhelfen! Sogar der deutsche Zivildienst ist im Ausland möglich. Unter den Angeboten von Apfelernte in Großbritannien über Kinderhüten bis Umweltpädagogik in einem Museumsdorf sollte etwas zu finden sein.

Orientierung über Praktika, Zivildienst, ein Au-Pair-Jahr bieten die folgenden Adressen im Internet:

- Jugend für Europa: www.webforum-jugend.de
- Freiwilliges und Ökologisches Soziales Jahr: www.bmfsfj.de
- die Adressen der regionalen Agenturen: www.au-pair-agenturen.de
- die christlichen Freiwilligendienste: www.agdf.de
- Bundesamt für den Zivildienst: www.zivildienst.de

Und in den Stadtbibliotheken gibt es ein weiterführendes Buch mit zahlreichen Adressen und Beschreibungen, das regelmäßig neu aufgelegt wird: Frank, M., Seidel, F., Kopitzke, O. (2000): Jobben für Natur und Umwelt. 4. Aufl. Interconnections, Freiburg (Auch über www.medienhandel.de/interconnections).

Nehmen Sie die Jobsuche zum Anlass, sich selbst über die möglichen und neuen Berufsbilder zu informieren. Die Berufsinformationszentren (BIZ) der Arbeitsämter informieren mit Filmen und Broschüren über knapp 400 Berufe in 13 Feldern:

Agrarwirtschaft – Bautechnik – Chemie, Physik, Biologie – Drucktechnik – Elektrotechnik – Ernährung, Hauswirtschaft – Farbtechnik, Raumgestaltung – Gesundheit – Holztechnik – Körperpflege – Metalltechnik – Textiltechnik, Bekleidung – Wirtschaft, Verwaltung.

Ermuntern Sie Filius und Filia, sich bei Bekannten und bei sonstigen Gelegenheiten kurz die Betriebe anzuschauen und zu erfragen, wie viel eine AutomechanikerIn, FrisörIn, Industriekauffrau/mann, LehrerIn, ÄrztIn denn verdient. Das stellt manchen Berufswunsch in ein neues Licht.

> In den spätmittelalterlichen Städten nahm die Arbeitsteilung zu: Zimmerer bauten nur noch Fachwerke und hölzerne Dachstühle, Schreiner sägten und leimten nur noch Möbel, spezialisierte Instrumentenbauer drechselten nur noch Flöten. Einzelne Betriebe spezialisierten sich auf Serienfertigungen.
>
> Nun mussten die ganztags tätigen Mitarbeiter so entlohnt werden, dass es für den gesamten Lebensunterhalt reichte. Zünfte legten Ausbildungsordnungen fest und oftmals auch gerechte Preise.

Rechnen Sie vor, falls Sie der Meinung sind, dass es motiviert, zu wissen, was eine Ausbildungsstufe höher ungefähr an Mehrverdienst brächte.

Ernst wird es, wenn die ersten Lohnzettel schwarz auf weiß die Fakten zeigen. Für eine selbstständige Lebensführung jedenfalls reicht das Lehrgeld noch lange nicht.

Manche Azubis leisten sich zuerst einen Videorecorder, andere die ersehnte Trendkleidung. Etliche müssen das soeben Verdiente zunächst für Berufswerkzeuge investieren, andere legen es für den Führerschein beiseite. Einige zahlen Zigaretten, Disco und Konzerte vom Eigenen. Einzelne müssen sogar schon Schulden abbezahlen. Nur sehr Wenige geben zu Hause etwas Kostgeld ab.

Tabelle 3: Mehrverdienst nach Ausbildungsstufen

	stündl.	**monatl.**	**jährl.**	**in 40 Berufsjahren**
ungelernt	€ 10,–	€ 1.600,–	€ 19.200,–	€ 768.000,–
ausgebildet	€ 20,–	€ 3.200,–	€ 38.400,–	€ 1.536.000,–
studiert	€ 30,–	€ 4.800,–	€ 57.600,–	€ 2.304.000,–

Und sie alle wissen, dass sie weitere Jahre finanziell abhängig bleiben werden. Auch Schüler- und Studenten-BAFöG reichen nicht und erfordern Zuverdienste, die von der Studienzeit abgehen.

Junge Leute geben im Laufe ihrer Ausbildungsgänge für Essen, Miete, Kleidung, Verkehr, Reisen, Arbeitsmittel etc. etwa 10.000,– € jährlich aus.

Vielleicht überweisen die Eltern einen Grundbetrag für Miete und Lebenshaltung. BAFöG oder Ausbildungsvergütung decken einen weiteren Teil. Benzin, Tickets und Bücher werden oft aus Nebenverdiensten bestritten. Neuanschaffungen und Reisen setzen Ferienjobs voraus.

Glücklich, wer früh gelernt hat, seinem Selbstwert wenigstens etwas eigenen Zuverdienst zugrunde zu legen.

Budgets planen

Monatskarte für den Bus und das Zeitschriftenabo laufen über Mutters Konto. Festnetztelefonate werden mit dem Taschengeld verrechnet. Ihre prepaid-Karte und Kosmetika zahlt Helga bar.

12-Jährige überblicken ihre Finanzen vielleicht noch im Kopf. Doch es werden schnell (zu) viele Posten: Vereinsbeiträge, Geld für die Disco oder Sprit, Ansparung für die Skifreizeit. Auch die Eingänge werden unüberschaubar: Taschengeld hier, Kleiderzulage dort. Monatslohn vom Prospekt-Austragen, Rückbuchung der gekündigten Mofaversicherung.

Wer soll das alles bewältigen? Die moderne Drehscheibe für bewegtes Geld heißt Girokonto. Für Schüler, Auszubildende und Studenten, gute Zukunftskunden also, gebührenfrei mit Guthabenzins und anderen Annehmlichkeiten. Denn läuft erst mal alles über ein Giro, belässt man es gerne bei dieser Bank für's Leben.

Spätestens Neben- oder Ferienjobs erfordern ein Jugendgirokonto – inzwischen beinahe Standard. Die vielen, aber dennoch begrenzten Möglichkeiten eines solchen Umlaufkontos machen die jungen Inhaber mit entscheidenden Begriffen und Funktionen der Finanzverwaltung vertraut. Deshalb frühzeitig damit anfangen!

Lena hat sich schlau gemacht und verteilt die Prospekte über dem Esstisch.

Sie will ein eigenes Jugendkonto, braucht aber die Unterschrift der Eltern dafür. Die sind skeptisch, aber Lena hat die entscheidenden Punkte markiert: Daueraufträge und Lastschriftverfahren, Geldkarte und Kontoauszüge. Kredit bekäme sie mit der Karte grundsätzlich nicht. Auch keine Schecks. Schuldenmachen sei also keinesfalls drin. Und die Eltern müssten auch für nichts haften. Das beruhigt sie ungemein.

Den Eltern wird es unheimlich, als sie hören, welche Summen ihre Tochter inzwischen selbst verwalten will. Aber nur so lernt Lena, ständig die Gesamtbilanz auf den Kontoauszügen im Blick zu behalten. Sie werden also einem Kartenlimit zustimmen und verlangen, dass Lena einen Reservebetrag auf ihrem Sparkonto belässt.

Generell sind sich alle einig, das neue Jugendkonto als Übungsmittel zu nutzen und die Eltern noch eine Weile mitwirken zu lassen. Das Küchenkabinett endet also mit der Absprache, wann die Familie zu welcher Bank gehen wird und dass die Eltern dort weitere Informationen einholen.

Die Verrechnung diverser Einahmen aus verschiedensten Quellen mit den vielen Ausgaben an unterschiedliche Adressaten über ein einziges Girokonto überfordert die meisten 15-Jährigen und knapp die Hälfte der 18-Jährigen! Das Prinzip selbst erfordert Abstraktionsvermögen und die Anzahl der Vorgänge Erinnerungskraft.

Deshalb empfiehlt es sich, zu üben, die vielen Posten in zusammengehörige Budgets zu sortieren. Nichts deckt fehlende Eingänge, unnötige Ausgaben und Schuldenlöcher besser auf. Geeignete Übungshefte gibt es an den Bankschaltern.

Jugendliche sollten sich die Ausgaben der letzten Woche in Erinnerung rufen können, ansonsten lassen Sie sie diese allabendlich eintragen. Die Wochensummen erhellen wenig, die Monatssummen viel.

Sollten Abonnements mit Quartalsabrechnung laufen, müssen deren Monatsbeiträge eingetragen werden. Desgleichen gilt für Jahresbeiträge, z. B. die Scooter-Versicherung.

Entscheidend sind die monatlichen Spartensummen! Denn daran orientiert man seine Planung für die kommende Woche und die kommenden Monate: Wie viel will man wofür ausgeben? Und wofür soll wie viel weniger ausgegeben werden?

Dieser Vorsatz, jeweils vorne in die folgende Wochen-/ Monatszelle eingetragen, macht aus der Buchführung eine Budgetplanung (siehe Tabelle 4). Wer damit zurechtkommt, kann seine Finanzen selbstständig verwalten.

Ähnlich sollten auch die Einnahmen aufgelistet werden, besonders wenn für größere Anschaffungen gespart werden soll.

Tabelle 4: Von der Buchführung zur Budgetplanung. Budget und Bilanz einer 16-Jährigen mit 40,– € Taschengeld, etwa

	Ausgaben der 1. Woche	**Ausgaben der 2. Woche**	**Ausgaben der 3. Woche**
Schule/Beruf: Hefte, Umschläge, Schreibmaterial	€ 1,95	€ 0,00	€ 3,98 € 6,99
Verkehr: Straßenbahn und Mofa-Sprit	€ 1,50	€ 1,50 € 8,36	€ 1,50
Telekommunikation: Prepaid-Handy, elterliches Telefon	€ 0,00	€ 25,00	€ 0,00
Hobby 1: Tischtennis mit Turniergebühren	€ 19,50	€ 0,00	€ 0,00
Hobby 2: eigene Katze	€ 0,00	€ 14,95	€ 1,22
Unterhaltung: CD's, Tickets, Zeitschriften	€ 0,00	€ 19,99	€ 0,00
Genuss: Getränke, Snacks, Süßigkeiten	€ 1,05	€ 0,00	€ 0,00
Kosmetika:	€ 0,00	€ 0,00	€ 4,10 € 4,20
Sonstiges: auch ungeklärter Schwund'	€ 0,00	€ 0,00	€ 0,00
Summe			

50,– € aus Nebenjobs und Zuverdiensten, sowie 30,– € elterlicher Zulagen für Verkehr und Schulsachen

Ausgaben der 4. Woche	Summe der mtl. Ausgaben	Budget	mtl. Bilanz	Bemerkungen
€ 2,02	€ 14,94	€ 10,00	– € 4,94	immer knapp
€ 1,50	€ 14,36	€ 20,00	+ € 5,64	o.k.
€ 0,00	€ 25,00	€ 20,00	– € 5,00	Karte reicht noch
€ 5,00	€ 24,50	€ 10,00	– € 14,50	Ausnahme
€ 0,00	€ 16,17	€ 10,00	– € 6,17	Futter reicht länger
€ 5,00	€ 24,99	€ 20,00	– € 4,99	Sparen!
€ 4,50	€ 5,55	€ 10,00	+ € 4,45	gut
€ 0,00	€ 8,30	€ 10,00	+ € 1,70	o.k.
€ 4,90	€ 4,90	€ 10,00	+ € 5,10	für Weihnachten sparen!
	€ 138,71	€ 120,00	– € 18,71	Aufpassen!

Der Gebrauch von Daueraufträgen, Lastschriften, Nachnahmen und Überweisungsträgern wird in der Schule erläutert. Doch die konkrete Organisation von Verträgen, Belegen und Informationen muss oftmals zu Hause in Gang gebracht werden.

Manuel beginnt eine ordentliche Privatverwaltung. Auf Empfehlung der Eltern hat er sich einen Locher, fünf farbige Aktenordner, Plastik-Einschubhüllen sowie einen roten Kasten für DIN A4-Papierbögen beschafft:

- Roter Ordner für Urkunden (von Geburt über Seepferdchen bis Zeugnisse)
- gelb für Verträge (vom Auto-Leasing über Sparvertrag bis Versicherung; jeweils eine Hülle für Vertrag und Quittungen, etc.)
- grün für die vielen Betriebsanleitungen (mit Garantiebelegen, Kundeninfos)
- blau für Abgeschlossenes (frühere Steuererklärungen, verkaufte Autos)
- schwarz zur Ablage von allem Sonstigen (Adresszettel, ...)

Der rote Karton ist für alles Unerledigte: Sammelkiste und Zeitpuffer zugleich (Briefe, Rechnungen, Fotos).

Dann sichtet Manuel ein Wochenende lang alle Papiere aus allen Schubladen und heftet die meisten in die farbigen Ordner. Übriges landet im roten Karton oder im Papierkorb.

Schließlich klärt er mit Hilfe der Eltern die unklar gebliebenen Vorgänge des roten Kartons ab, teils telefonisch, teils schriftlich.

Seither nimmt er sich den roten Kasten fast wöchentlich vor.

Es kommt vor, dass junge Erwachsene Kontohilfe bei ihren Eltern suchen. Und sich notfalls darauf einlassen, ihr frei verfügbares, aber bisher nicht bewältigtes Einzelkonto in ein „Und-Konto" umzuwandeln. Dadurch bleibt nach außen hin das imageträchtige Girokonto erhalten, obgleich die/der KontobesitzerIn nunmehr für jeden Vorgang die schützende Mitwirkung seiner Vertrauensperson braucht. Fragen Sie bei Ihrer Bank nach.

Und wie überblicken wir Erwachsene unsere diversen Einnahmequellen und Abflüsse? Auch schon im persönlichen Computer zu Hause? Brauchen wir nicht auch selbst einmal einen VHS-Kurs über familiäre Buchführung? Wie etwa bucht der häufig im Ausland Maschinen montierende Vater seine angesparten „freemiles" (freie Flugmeilen) bei den Fluggesellschaften?

Schulden abstottern

Impulsives Bedürfnis und lange Folgen?

Eben noch sollte die Mutter unbedingt einen 20-Euroschein für den neuen Ohrclip leihen, ohne den es nicht mehr ginge. Seit die Mutter aber ihr Machtwort sprach, dass Caroline ihren Modeschmuck vom Zurückgelegten kaufen solle, geht es offenbar auch anders. Jedenfalls saust die Tochter nun auch ohne Ohrenschmuck zur Schülerdisco.

Die Mutter hat sich das ständige Erinnern ans Abstottern erspart.

Beim Geld wird Mathematik zur Erzieherin.

Noch 5,25 € im Portemonnaie und 36,87 € auf dem Jugendgiro. Da könne der Vater seinem Ludger doch noch 50,– € leihen. Mitnichten! Denn mit inzwischen 3 x 50,– € = 150,– € Schulden bei den Eltern und mit weiteren 60,– € plus Rückstand bei der Schwester ist die Gesamtbilanz eindeutig negativ.

Der unbedachte Ludger sieht das erst, als er nachrechnen muss, weil sein „Gläubiger" die Rückzahlung der schon vergessenen Beträge verlangt.

Nach solch deprimierender Rechenstunde bleibt nur, die Guthaben aufzulösen und die verbleibende Schuld allmählich abzuzahlen. Das Taschengeld sollte dafür nicht reduziert werden, also bleibt die Rückzahlung aus Zuverdiensten oder erhofften Geldgeschenken. Bedenken Sie in einer solchen Situation genau, welche Erfahrung Sie vermitteln wollen!

Gehen ältere Jugendliche leichtfertig mit geliehenem Geld um, müssen sie wohl noch erfahren, dass „I credit you" bedeutet „ich vertraue dir". Insofern erzwingt das Leihen von Geld genaue Übersicht, Planung, Verlässlichkeit und Sicherheiten im Hintergrund. Wer das nicht versteht, muss es durch mühsames Abzahlen erfahren, bevor die offizielle Schuldenfalle zuschnappen kann. Vielleicht öffnet ein Vorabzug (Disagio) die Augen:

„Gut, ich borge dir noch mal 30,– €. Aber 60,– € hast du schon von mir und immer noch nicht zurückgezahlt. Weil ich mir selbst die ganze Zeit nichts davon kaufen kann, will ich jetzt wenigstens 10,– € als Dankeschön. Also kriegst du noch 20,– € und ich in vier Wochen die vollen 90,– € zurück."

Der Bruder reagiert empört.

„Schon gut, regle deine Finanzen selbst und ich kriege sofort mein Geborgtes!" rückt die wohlmeinende Schwester die Fakten zurecht.

Ein Bankkredit ist vermietetes Geld. Und das kostet Zinsen, die bei Ratenkauf und Leasing auf die Tilgungsraten aufgesattelt werden.

Einen Fernseher hat Claudia schon. Der Videorekorder dazu würde lediglich 45,– € Monatsrate kosten. Das ginge.

Doch dann erfragt Claudia den Gesamtaufwand: Effektiv 320,– € aus 50,– € Anzahlung plus 6 Monaten zu 45,– €. Und das sind 51,– € mehr als der Barpreis von 249,–. Da ist sie doch nicht blöd!

Manchmal mögen Ratenkauf oder Leasing sinnvoll sein und von den Eltern unterschrieben werden. Nur – und das geschieht allzuoft – müssen die Eltern wahrscheinlich nach einiger Zeit rettend eingreifen, beispielsweise weil der angestrebte Nebenjob des ratenzahlenden Jugendlichen entfiel. Und dann bleibt dem/der SchuldenmacherIn die Erfahrung im Gedächtnis, dass es letztlich doch irgendwie ging. Helfen Sie den jungen Leuten, realistischer zu urteilen:

- Konsum- und Dispositionskredite kosten kräftig.
- Anschaffungsdarlehen haben meist lange Abzahlungsfristen.
- Investionskredite setzen Sicherheiten und Kalkulationsfähigkeit voraus.

Im offiziellen Geschäftsverkehr sind Minderjährige vor Kontenüberziehung und Kreditbelastung geschützt. Beispielsweise könnten Handy-Gebührenverträge mit Jugendlichen (rechtzeitig) zurückgenommen werden. Deshalb die Prepaid-Karten. So müssen jugendliche Vieltelefonierer im Voraus bezahlen, also mit Taschengeld oder bereits zuverdientem Geld. Und die Eltern vermeiden jedes Risiko einer Kontoüberziehung.

Beste erzieherische Prävention gegen belastende Kredite ist das gezielte Ansparen von Guthaben.

„Du wirst bald ein Auto wollen. Zum Führerschein werden wir gerne was dazulegen. Aber dein Auto solltest du selbst finanzieren.

Wir empfehlen dir für die ersten Jahre einen alten Kleinwagen für etwa 1.000,– €. Noch hättest du 2 Jahre zum Ansparen.

Bei 2,5 %–5,0 % Guthabenzins müsstest du jetzt monatlich 40,– € ansparen. Die Zinsen brächten da nicht viel. Aber du hättest später dein Geld frei für Benzin und all das Übliche. Nimmst du hingegen erst in 2 Jahren einen Ratenkredit über 1.000,– € auf, müsstest du bei 10 % Zins und 2 % Gebühr in 2 Jahren monatlich 48,– € abstottern. Und bei 15 % wären es glatte 50,– € jeden Monat.

Du müsstest also jeden Monat 10,– € mehr abstottern, als wenn du jetzt schon ansparen würdest. Außerdem: Wo käme dann auch noch das Benzingeld her?"

Registrieren Sie leichtfertige Antworten auf solche Vorschläge aufmerksam. Ein vorschnelles „Ach was, die meisten Autos laufen doch sowieso auf Kredit und nicht auf Rädern" verrät allzu häufig leichtfertige Geldplanung.

Selber tätig werden

Das vordergründige „Hast du was, bist du wer" imponiert Kindern ungemein. Tatsächlich aber verdient tätiges Sein das finanzielle Haben, nicht umgekehrt. Verkürzt:

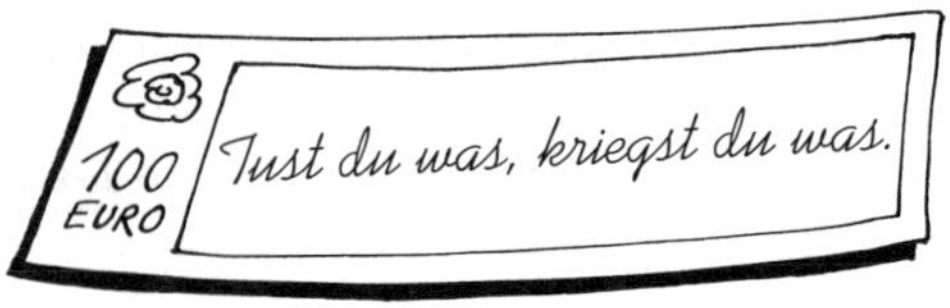

Was man hat, das ist man nicht selbstverständlich. Alleine der Besitz des schnellsten Computers macht niemanden zum PC-Freak. Erst was man damit anstellt, wirkt identitätsstiftend. Tätigsein statt Lifestyle also.

„Kleider machen Leute", das lebte der Feudal-Adel vor der französischen Revolution exzessiv. Gelockt und gepudert inszenierten sich die Eitelkeiten.

Für Fleisch und Wein rackerten Bauern auf den Feldern. Handwerker schufteten in finsteren Manufakturen. Tagelöhner karrten all den Reichtum auf stinkenden Straßen den Höfen zu. Bis die produktiv Tätigen sich verweigerten und aufbegehrten.

Die Bürgerlichen der französischen Revolution von 1789 errangen sich und uns Gleichheit vor dem Gesetz, sozialstaatliche Brüderlichkeit und allgemeine Geschäftsfreiheit.

Nur – nicht jedes Können kommt überall zum Zug. Es gibt auch Seilschaften, die keine Neuen einlassen. Oder es fehlt an Arbeitsplätzen, manchmal selbst für hochqualifizierte Könner.

Hier zählt das Prinzip Hoffnung: Wer sich bemüht und engagiert, wird schon seinen Platz finden und sollte auf dem Weg dahin unterstützt werden.

„Vielleicht würde ein Casting bei einer amerikanischen Agentur besser für dich laufen. Aber wie sollen wir uns das leisten? Versuche Dich doch mal als Dancer bei einer Musikgruppe hier. Wir werden dich dann schon irgendwie hinbringen und nachts wieder holen."

Jemand zu werden, erfordert nicht nur Haben und Können, sondern auch äußere Chancen und eigenen Willen.

Fehlen die Möglichkeiten, kreieren beispielsweise selbstbewusste Kids ihre abgenutzte alte Kleidung zum Hip-Hop-Style.

Fehlt es aber am Willen, verführt unmäßig verteiltes Geld lediglich zu unangemessenen Ansprüchen. Mode und Markenträger gelten deshalb auch unter Jugendlichen nur vordergründig.

Jugendliche schätzen aneinander folgende Eigenschaften (Arndt 1997, 104) bei minimalen Unterschieden zwischen Ost- und Westdeutschen sowie zwischen den Geschlechtern:

Zuverlässigkeit, Selbstvertrauen, Hilfsbereitschaft, Beliebtheit beim anderen Geschlecht, Durchsetzungsvermögen, gutes Benehmen, gutes Aussehen, Sportlichkeit, gute Kleidung, gute Schulleistungen, körperliche Stärke, Behauptung gegenüber Erwachsenen, Computerbesitz, die Fähigkeit zuzuschlagen, viel Geld, Besitz einer guten Musikanlage, die Bereitschaft, Verbotenes zu tun.

Viel Geld zu haben, kommt erst an 15. Stelle!

Übernehmen Jugendliche nicht von sich aus Verantwortung für sich selbst gemäß ihren Möglichkeiten, könnte es sinnvoll werden, diese abzuverlangen und die häusliche Versorgung allmählich auf den Grundbedarf zurückzunehmen.

„Für deine neuen Schuhe lege ich dir 35,– € hin, das reicht für ein normales Schuhwerk. Du kannst dir aber gerne beliebig megasupertolle Boots oder Trendschuhe anschaffen, sofern du den Mehrpreis selbst aufbringst."

Elternversorgung und Eigenbeitrag, Pflicht und Kür neu auszutarieren mag beiderseits fordern. Viel belastender jedoch wirkt es, Geld missmutig herzugeben und ständig über die damit gekauften Trendsachen zu schimpfen.

Klären Sie gegebenenfalls ihre Haltung zu Behütung und Selbstständigkeit, zu Angeboten und Anforderungen in einer der mehr als 1.000 Erziehungsberatungsstellen ab.

Die Fachkräfte dort beraten jährlich etwa 250.000 Kinder und Jugendliche mit deren Bezugspersonen – gratis und diskret. Adressensuche über www.bke.de, im Telefonbuch unter Beratung, durch Anfrage im Schulsekretariat oder beim Kinderarzt.

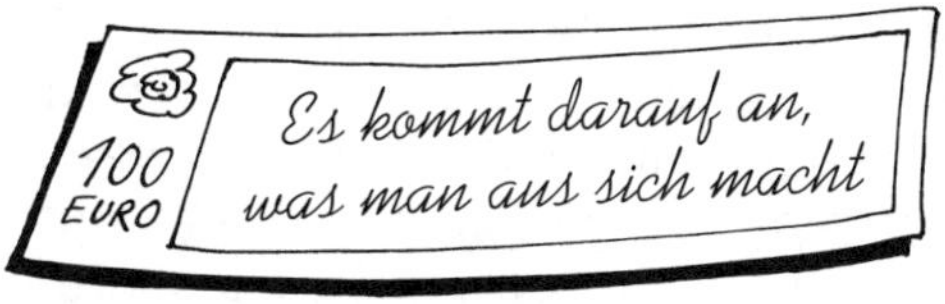

Version A: In Material investiert. An heißen Tagen radelt Jasper aus der Stadt hinaus zum nächsten Wanderparkplatz und verkauft dort gekühlte Getränke aus der Kühltasche. Mit vier Kühltaschen auf einem ziehbaren Untersatz könnte er den Umsatz erheblich steigern.

„Gut Zeug ist halb Werk“, erklärt der Vater. „Entweder wir kaufen dir einen Fahrradanhänger, ein Drittel von uns gesponsort, ein Drittel von deinem Gesparten und der Rest von deinen Einnahmen. Oder wir zwei bauen dir den alten Kinderwagen um, und du investierst lediglich das Material, ein paar Kekse und die Drinks.“

Version B: In Kompetenz investiert. Maditta will unbedingt spanisch-deutsche Kauffrau werden. Das Spanische und das kaufmännische Rechnen liegen ihr, nur mit der allgemeinen Mathematik hat sie Probleme.

Sie hilft sich selbst: Der Tochter einer vorübergehend zugezogenen spanischen Geschäftsfrau gibt sie Deutsch-Nachhilfe. Und mit dem so verdienten Geld finanziert sie ihren Matheunterricht bei einem pensionierten Lehrer.

Version C: In Material und Kompetenz investiert. Jaspers Schwester Luisa erntet mit ihrer Leidenschaft für Fotografie Anerkennung und einiges Geld. Sie knipst reihum sowie über Mundpropaganda bei Familienfeiern. Ihre Spezialität sind mit zwei Blitzen geschossene Portraits vor dunklem Nachthimmel. Das hat sie bei einem VHS-Kurs gelernt. Den hatte sie extra belegt, um eine solche Produktidee zu finden. Den lichtgesteuerten zweiten Blitz mit Stativ kaufte sie von den Einnahmen der ersten Fotoserien. Demnächst will sie ihr Hobby auf digitales Fotografieren umstellen.

Allgemeine Vollzeitbeschäftigung ist passé. Seit 1991 wuchs die Zahl der Selbstständigen um gut 550.000, die der (Lohn zahlenden) Arbeitgeber nahm dagegen um über 23.000 ab. Bereits heute sind ein Drittel aller Arbeitnehmer nurmehr vorübergehend Beschäftigte. Für 2010 prognostiziert die sächsisch-bayerische Zukunftskommission, dass nur noch jeder Zweite sein Geld in einem (bisher) normalen Arbeitsverhältnis verdienen wird.

Es gibt Übungsmöglichkeiten für wirtschaftliches Handeln, auch an allgemeinbildenen Schulen. Beispiel Graf-Eberhard-Gymnasium, Bad Urach, Schwaben:

Im Sommer 2000 verwandelten die Klassen ihre Schule in die „Freie Republik Attemptonien" (Land des Anpackens). SchülerInnen brachten gut 50 Betriebe in Gang, Autowäsche und Bügelfirma, Apfelsaftpresse und Bäckerei, Cafés und Schulrestaurants, Spielhalle und Zeitung, Aussen- und Finanzministerium. Nach der Startphase, lief das Projekt selbstorganisiert weiter.

Das selbst gestanzte Blechgeld wurde allabendlich eingezahlt und verrechnet. Letztendlich blieb der Schülervertretung ein ansehnlicher Gewinn.

Unter 7-jährige Kinder gelten als geschäftsunfähige Personen, deren Rechtsgeschäfte von Anfang an ungültig (nichtig) sind.

Unter 18-jährige sind beschränkt geschäftsfähige Personen, deren Rechtsgeschäfte bis zur Einwilligung eines gesetzlichen Vertreters schwebend unwirksam sind.

Allerdings gilt nach BGB I § 110 das Taschengeld in der Hand als Beleg einer Erlaubnis, damit umzugehen, so dass entsprechende Geschäfte zulässig sind.

Einseitige Rechtsgeschäfte (beispielsweise Kredite oder Kaufverträge) bedürfen nach § 111 des BGB I einer schriftlichen Zustimmung des gesetzlichen Vertreters (normalerweise der Erziehungsberechtigten). Andernfalls sind JugendlicheR und Eltern nicht zu Zahlungen verpflichtet, es sei denn, die gesetzlichen Vertreter selbst hätten ihre Einwilligung mitgeteilt.

Unbeschränkt dürfen Minderjährige Rechtsgeschäfte nur tätigen, soweit mit Genehmigung des Vormundschaftsgericht von ihren gesetzlichen Vertretern dazu ermächtigt, § 112 des BGB I.

Volljährige dürfen, sofern nicht extra anders festgelegt, alle legalen Geschäfte wirksam tätigen, haften dann aber auch vollständig.

Doch bevor es eventuell ernst wird, sollten Sie und ihre Kinder eine ausführliche Beratung in Anspruch nehmen, z. B. bei der örtlichen Industrie- und Handelskammer. Mangelhaftes kaufmännisches Wissen und riskante Fremdfinanzierungen gefährden Start-ups ungemein. Eine unvorgesehene Erkrankung kann jede Planung zunichte machen.

Für Eltern und Jugendliche: Piper, N. (1998): Felix und das liebe Geld. Roman vom Reichwerden und anderen wichtigen Dingen. Weinheim, Basel: Beltz & Gelberg.
Geschäftsidee der Kinder & Co, ein Wirtschaftsverbrechen und schließlich eine Firmengründung.

Onlineplanspiel als Schülerwettbewerb unter
www.stern.de/startup
Zahlreiche reale Anregungen unter
www.schuelerfirmen.de
Die „Deutsche Kinder- und Jugendstiftung" sponsort Schülergruppen beim Aufbau kleiner Unternehmen: www.dkjs.de

Alterstypische Geldbeträge

In Tabelle 5 (S. 91) finden Sie die Entwicklungslogik der Lehr- und Übungschritte in den drei Lernbereichen inclusive Kapital/Kredit (siehe Kapitel 4). Altersangaben und Stichworte sind Empfehlungen.

Die angegebenen Beträge sind Durchschnittsvorschläge für das Jahr 2002. Die Familien haben sehr unterschiedliche Möglichkeiten, Stile und Erwartungen, dementsprechend die Schwankungsbreite in Klammern.

Sammlungen und Schatzkästchen bereiten Seele und Geist auf Taschengeld und Verdienst vor.

Geldbörse und Sparbüchse gehören auch zum Taschengeld.

Tabelle 5: Vorschläge für die Gelderziehung nach Altersstufen

Alter	**Taschengeld** (ungefähre Spanne)	**Zusatzverdienst** (Arbeit) **Zuwendung** („Sponsoring")	**Kapitel Kredit**
18	€ 50,– (25–75)	Extras (Führerschein) evtl. Kostgeld nehmen	Kapitalanlage Überziehkredit
16	€ 40,– (20–60)	Ferienjob max. 4 Wochen Zulage auf Kapitalnutzung	Anlage-Tests Eltern-Vorabzug
14	€ 30,– (15–45)	Nebenjob (z. B. Austragen) Grundbeträge (Kleidergeld)	Jugendgiro Abstottern
12	€ 20,– (10–30)	weitere Hausjobs ggf. Vorleistung erwarten	Buchführung Vorschuss
10	€ 15,– (7–23)	Hausjobs (z. B. Leergut) Zulage auf gute Eigenanteile	Sparzinsen Ansparen
8	€ 5,– zwei-wöchentlich	Zensurenlohn Geld für Förderwürdiges	Sparkonto mit Buch und Zins
7	€ 2,– wöchentlich	Rausgeld von Einkaufshilfe Kleines Geldpräsent	Spardose als Puffer
6	€ 1,50 wöchentlich	Kleine Geldbelohnung Zugestecktes Münzgeschenk	Geldbeutel und Sparbüchse
5	50 Cents wöchentlich	Abgezähltes Kioskgeld Überreichtes Rausgeld	Schatzkästchen
4	Mitbringsel gelegentlich	(Lob für Mithilfe)	Sammlungen

4 Kapitale Risiken

Geld ist anderes Geld wert. Dieses Faktum überwindet scheinbar den Grundsatz, dass Eins immer gleich Eins ist, indem Zeiteffekte berücksichtigt werden. Und das begreifen erst abstraktionsfähige Jugendliche.

Kredit möchte man selbst, Kapital sollen andere Leute nutzen. Die Spekulation darauf kann sich lohnen oder misslingen. Selbst der Spekulationsguru André Kostolany ging mehrfach bankrott (und verdiente vermutlich mehr an seinen Büchern als an der Börse).

> Bei der venezianischen „colleganza" fuhr der aktive Teilhaber, üblicherweise ein Kapitän, zur See. Der passive Teilhaber organisierte Ein- und Verkauf der Handelswaren. Gewinne wurden gleichmäßig geteilt.
>
> Eventuelle Verluste waren vom passiven Teilhaber zu tragen, schließlich verlor der Kapitän bei Totalverlust des Schiffes und der Waren zumeist auch sein Leben.

Wie Sexualität und Beruf(ung) sollte auch das Finanzverhalten behutsam erkundet und geschützt erlernt werden können. Das ökonomische Grundwissen wird in den Schulen gelehrt, hauptsächlich im Fach Sozialkunde.

Praktische Erfahrungen zu ermöglichen aber bleibt weitgehend den Familien vorbehalten.

Hatten Sie ihren jüngeren Kindern geraten, übriges Geld sicher auf dem Sparkonto zu deponieren, ermuntern Sie nun die bald Volljährigen dazu, einen Teil ihres Kapitals arbeiten zu lassen: Der Rubel soll rollen, die ganze Wirtschaft hängt davon ab, nun aber auch das eigene Vermögen.

Fantastisch, mit elterlichem Segen zu spekulieren. Tatsächlich aber vermitteln die Eltern ihren fast selbstständigen Großen eine der letzten Lehren.

Lernspiele

Wirtschaftsspiele aus dem bunten Pappkarton oder von der CD-ROM vermitteln Kindern erste wirtschaftliche Grundbegriffe, Eltern einen Eindruck von den Interessen und dem Verständnisvermögen der Kinder und der ganzen Runde viel Spielfreude.

Für Kindergartenkinder ohne Zahlenverständnis ist „Ich spiele Einkaufen" geeignet. Schon konkreter aufgebaut ist „Mein Taschengeld". Auch einfache Zahlenspiele wie „Rummy" oder Rechenübungen z. B. mit dem populären „Mathe-Mix" sind zur Vorbereitung empfehlenswert. Genaues Abzählen und Kalkulieren trainiert das populäre „Hase und Igel".

Schulkinder lassen sich leicht für Simulationsspiele begeistern, beispielsweise die berühmten „Siedler von Catan“, ein Spiel mit einfachen Handelsentscheidungen, aber ohne Geld und ohne große Rechenkünste. Ältere spielen noch immer das bewährte „Monopoly“. Doch auch neuere Produkte bringen mit Waren und Werten spannende Dynamik in die Spielrunden, beispielsweise „Bretton Woods“, eine Simulation der weltweiten Nutzung und des Verbrauchs von Nahrungsmitteln und Konsumgütern.

Vielleicht finden Sie auch noch irgendwo das – meines Erachtens beste – Wirtschaftssimulationsspiel „Playboss“ (es wird leider nicht mehr hergestellt) oder ein kritisches „Ökolopoly“.

Kinder, Jugendliche und Erwachsene spielen zunehmend die immer besser werdenden Computersimulationen, die humorvoll und abwechslungsreich konstruiert den Geldumgang, das Wirtschaftsverständnis und Managementqualitäten zugleich schulen, allen voran „SimCity“, aber auch z. B. „Krankenhaus“.

Jugendliche SchülerInnen sollten durchaus am berühmten „Planspiel Börse“ der Banken teilnehmen und/ oder im Internet den Wertpapierhandel simulieren.

Weitere Infos unter:
http://www.uni-marburg.de/spiele-archiv

Vergegenwärtigen Sie sich gelegentlich, welche Sprüche zum Thema Geld in Ihrer Familie kursieren, beispielsweise während einer langer Autobahnfahrt:

- Ohne Moos, nix los. Aber: Wer nicht will auf fremder Tasche liegen, muss sich selbst verbiegen. Denn: Von nichts kommt nichts. Und: Ohne Fleiß, kein Preis. Weil: Arbeit adelt. Doch: Vom Munde abgespart, ist Verlieren doppelt hart.

- Wie man hat, so scheint man. Denn: Kleider machen Leute. Deshalb: Wer hat, dem wird gegeben. Aber: Geld verdirbt den Charakter. Zudem: Gekaufter Lust folgt Frust.
- Wer spekuliert, verliert. Denn: Fortuna lacht nicht ewig. Also: Wie gewonnen, so zerronnen. Weil: Wenn's dem Esel zu gut geht, geht er auf's Eis.
- Die machen den Weg doch nur teuer frei. Weil: Geld stinkt nicht. Leichter: Von der reichen Tante, auf die hohe Kante.
- Der Rubel soll rollen. Deshalb: Der Kunde ist ein König. Zudem: Man gönnt sich ja sonst nichts. Aber: Geld macht auch nicht glücklich, es beruhigt nur. Weil: Eiserne Reserven schonen Nerven. Allerdings: Das letzte Hemd hat keine Taschen. – Nur: Über Geld spricht man nicht, das hat man. Also: Klotzen statt Kleckern.

In den Tagen danach hören Sie, welche Sprüche Ihr Kind behalten hat und auf welche entsprechenden Einstellungen Sie achten sollten.

Scheinzauber

Bekanntermaßen sind nur wenige Glücksspiele erlaubt: Spielautomaten, Kasino-Roulette und die großen Lotterien hauptsächlich. (In den USA wurde Nintendo verklagt, glücksspielartig besonders seltene Pokémons in die Kartensets zu mischen, so dass die Kids unverschämt viele Sets erstehen müssten, um ihre Kartenserien zu vervollständigen.)

Dennoch kommen immer wieder unsinnige Gewinnspiele in Mode. Die Logik der verbotenen Kettenbriefe und Gewinnschlangen zum Beispiel ist simpler Betrug:

- Sende dem Absender dieser Anleitung einen 10-Euro-Schein.

- Kopiere diese Anleitung mindestens 10 Mal und sende sie an mindestens 10 deiner Freunde und Bekannten.
- Du erhältst dann von jeder/ jedem 10,– €, also mindestens 100,– €.

Beim Tischroulette zu Hause ist der Kassensturz am Ende des Spieles wichtig. Alle Gewinne und alle Verluste addieren.

Im Durchschnitt nur weniger Spieleabende werden sich die Gewinne etwa 1:37 unter den Verlusten einpendeln. Wo steckt das Geld? In der Bank, denn die gewinnt an jeder Null, der 37. Zahl!

Aber das verinnerlichen die Kids – und viele Erwachsene – erst bei der Gesamtabrechnung mehrerer Spielabende kurz nacheinander. Denn das Wunschdenken überdeckt die Logik:

„Sooo viele gewinnen Millionen. Da wird es doch auch mich mal treffen."

Höchstwahrscheinlich nicht! Denn die Gesamtsumme aller Gewinne wird automatisch unterhalb der Summe der Einnahmen angesetzt. Das Roulette verwendet dafür die Null, Geldspielautomaten mathematische Formeln.

Grundsätzlich ist die Logik großer Gewinnspiele eher positiv. Denn: Ohne Gewinnaussicht würden die Leute den Spendenanteil der Fernsehlotterie oder den Steuergewinn der Casinos sicher nicht aufbieten.

Scheinbar zusätzliches Geld zauberten die oberitalienischen Kaufleute, indem sie dieselben Beträge mehrfach in ihren Büchern führten:

Deponierte Kaufmann Maximilian 100 Gulden sicher in den Kellern seiner Bank, erhielt er dafür einen Depotschein über die besagten 100 Gulden, den er als Sicherung für einen Warenkauf dem Kaufmann Honarius aushändigen konnte. Gleichzeitig konnte die Bank die besagten 100 Gulden als Wechsel an den Händler Donatus weiterreichen, der das Geld am Ziel seiner Handelsreise, beispielsweise in Lyon, mit Gebühren in der dort gültigen Währung zurückzuzahlen hatte. Schon wirkten die ursprünglichen 100 Gulden an mehreren verschiedenen Orten, als hätte eine magische Geldvermehrung stattgefunden.

Da in ähnlicher Weise auch von Lyon und anderswo Gelder in den Banken ankamen, musste kaum wirkliches Geld gefahrvoll hin und her transportiert werden, sondern lediglich in den Büchern gegenseitig verrechnet werden. Das „ersparte“ die Risiken des Raubes oder Untergangs des Geldes, beschleunigte den Geldumsatz enorm und kam darin einer weiteren Geldvermehrung gleich.

Obendrein galten Gebühren für solche Wechselgeschäfte nicht als Zinswucher, so dass mancher Wechsel eigentlich der Kreditbeschaffung diente, was den Geldumlauf weiter beschleunigte.

Zinsspirale

Fast ein Viertel aller Deutschen, doppelt so viele wie 1992, finanzieren Anschaffungen eher mit Hilfe eines Kredits, als darauf zu verzichten. Wer es sich leisten kann, kauft darüber hinaus Luxusprodukte, um sich eine besondere Freude zu machen. Für die Mehrheit ist das Wichtigste am Beruf, dass die Kasse stimmt (Verlagsgruppe Lübbe 2000).

SchülerInnen lernen etwa ab der 6. Klasse Zinsberechnungen. Einige schließen vielleicht daraus, mit Zinseszins reich werden zu können.

- 5 % Zinsen verdoppeln den Betrag in 15 Jahren.
- 7 % Zinsen verdoppeln den Betrag in 10 Jahren.
- 10 % Zinsen verdoppeln den Betrag in 7 Jahren.
- 15 % Zinsen verdoppeln den Betrag in 5 Jahren.

Die gleiche Logik gilt aber auch umgekehrt für den Wertverlust. Bei 3 % Inflation kosten 2,5 % Sparzins blankes Geld.

Sparbuch-Sparen lohnt sich also eher dadurch, dass man auf unnötige Ausgaben verzichtet und dadurch mehr Geld zum Ansammeln bleibt.

Also Staatsanleihen?!

Der Bau von Autobahnen, beispielsweise verschlingt Milliarden. Die Regierung muss besagte Summen aufbringen, will aber dank Steuersenkungen wieder gewählt werden. Also nimmt der Staat die Beträge am Kapitalmarkt auf und verzinst mit Steuergeldern.

Die Anlageberater der Bank entnehmen die Laufzeiten und Zinsen aller Staatsanleihen langen Listen, und die BürgerInnen können problemlos beispielsweise Bundesschatzbriefe ordern.

Ilona hat etwas daraus gemacht. Sie verfügte über 850,– € auf dem Sparbuch, von der Konfirmation, etlichen Geldgeschenken, dem Verkauf ihrer Barbie-Sammlung und aus Verdiensten. Und jetzt wollte sie richtig an Zinsen verdienen.

Die Anlagenberatung ihrer Bank schlug ihr und den Eltern ein so genanntes Rentenpapier vor, mit 4 % Zinsen für 1.000,– € über 3 Jahre bis kurz vor ihrem 18. Geburtstag. Die Eltern legten spontan die fehlenden 150,– € dazu.

Seither erhält Ilona jährlich 40,– € Zinsen und zahlt damit die Mofaversicherung. Immerhin!

Zudem bekommt sie rechtzeitig zum Fahrschulbesuch die vollen 1.000,– € zurück.

> 1694 wurde mit der *Bank of England* in London eine erste private Geschäftsbank eröffnet, die einfachen Bürgern für beabsichtigte Geschäfte Kredite zu 4 % Zins gewährte. Aber das System der Bank basierte auf zwei Tricks:
>
> - Die Bank schöpfte selbst Geld, das sie der Regierung zu 8 % Zins kreditierte.
> - Und das neue Geld war wohl nie durch Gold und Silber gedeckt, wie offiziell zugesichert.
>
> So bewies die privat betriebene, aber als staatstragend titulierte *Bank of England* über 150 Jahre, dass Geld nicht tatsächlich durch Gold und Silber gedeckt sein muss, solange alle Verpflichtungen eingehalten werden.
>
> Genau das funktionierte um 1845 nicht mehr. Die Tilgung der 8 %igen Staatshypotheken erforderte ruinöse Steuererhöhungen und Getreideexporte Großbritanniens.
>
> Der amerikanische Fachautor Zarlenga erklärt deshalb die Tilgung der Staatskredite und Zinsen mitschuldig am Hungertod gut einer Million irischer Landsleute (Zarlenga 1999, 208ff).

Ein kleiner Haken wäre zu nennen: Den Vertrag der Minderjährigen müssen die Eltern unterzeichnen. Aber sie tragen kein Risiko. Zudem könnte man das Papier jederzeit zurückverkaufen. Die anfallenden Gebühren betrachtet man als Lehrgeld.

Die Spekulation bei Staatsanleihen ist, dass der Staat nicht bankrott gehen wird, auch spätere Regierungen alle Zinsen zahlen und die aufgenommenen Beträge fristgerecht tilgen und dass keine Inflation dazwischenkommt.

Kauft man Anleihen mit fest vereinbarten Zinsen und Rückzahlungen, trägt man selbst die Rückzahlungs- und Inflationsrisiken. Kauft man Anleihen im Ausland, trägt man zusätzlich die Risiken wechselhafter Währungskurse. Anders ausgedrückt: Vom Zinsertrag gehen Inflation und Währungsverluste ab. Nur deren Höhe ist nicht vorhersehbar. Die Inflation bei den Verbraucherpreisen betrug 1982 5,3 % und 1996 1,4 %, dazwischen lag 1986 sogar ein Nulljahr.

Bei 3 % Inflation verdoppeln 8 % Zins den Zinsertrag erst in 15 Jahren, 10 % Zins in 10 Jahren und 13 % erst in 7 Jahren. Nach Abzug der Gebühren und Steuern ist das Ergebnis noch geringer.

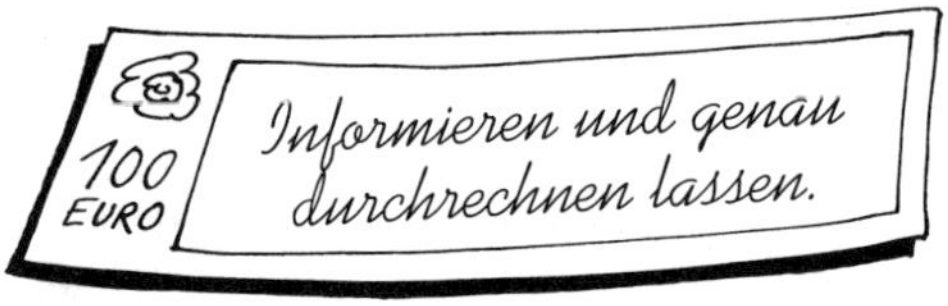

Gut, wenn optimistische Spekulationslehrlinge darüber bereits Bescheid wissen, bevor sie größere Summen verlieren. Ermuntern Sie, die Angebote der Bankberater genau durchrechnen zu lassen, aber unter Berücksichtigung aller Gebühren, mit verschiedenen Inflationsquoten und im Vergleich zu gesetzlichen Sparverträgen!

Testanlagen

Alle Jahre wieder gilt die Börse als Geldmaschine. „Wie stehen die Aktien?" wird allerorten gefragt. Hört man einige Monate später nichts mehr und auf Nachfrage nur gedämpfte Stimmen, sind die Kurse wieder tief im Keller. Man denke an den fulminanten Verfall großer Werte, z. B.

von Daimler-Chrysler im Winter 2000 und der Telekom im Frühjahr 2001.

Während der Neue Markt auf ein Drittel zusammenbrach, verzeichneten die deutschen Banken noch nie da gewesene Gewinne, besonders aus dem Provisionsgeschäft. Denn alle Kauf- und Verkaufsaufträge bringen feste Gebühren, obgleich das Kursrisiko voll beim Kunden bleibt. Lediglich der seltene Rat, ein Papier zu halten, bleibt provisionsneutral. Allerdings glättet diese Empfehlung, an sehr viele Anleger gleichzeitig ausgegeben, extreme Kursausschläge an den Börsen und ermutigt das Publikum somit indirekt zur Fortsetzung der Börsenspekulation.

Gewinne aus Aktienbesitz von unter 500,– € und aus länger als einjährigem Besitz bleiben steuerfrei.

Charts, Firmendaten u. Ä. beispielsweise unter
www.aktiencheck.de
Sinnvolle Anlagen unter www.sozialnetz.de

Grundlage jeder Transaktion und zugleich bester Schutz ist Durchblick. Lassen Sie sich alles von Ihren Nachwuchsspekulanten im Detail erklären, als würden Sie wirklich nichts davon verstehen. Denn dann denken die Jugendlichen mit und erklären sich damit selbst am meisten.

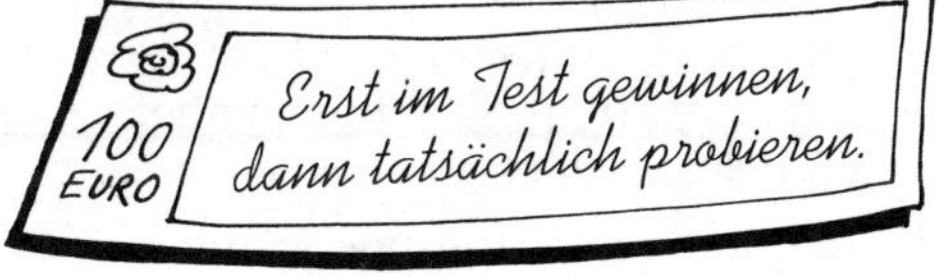

Zu Tausenden spekulieren Schüler beim *Börsenspiel der Sparkassen,* ohne eigenes Geld und ohne Gebühren. *Online brokerage* am heimischen PC ermöglicht kostenlose Musterdepots und trainiert gleichzeitig Kapitalspekulation und zukunftsweisende PC-Nutzung. Schriftliche Anleitungen inklusive Börsenjargon von *Leerverkauf, cashflow-Verhältnis* oder *dual-trading* gibt es im Buchhandel und in Stadtbüchereien in großer Anzahl.

Zum Weiterlesen empfohlen: Hennig, A., Georg, B. (2000): Online Brokerage. Online Aktien handeln und Geld verdienen. Data Becker: Düsseldorf.

Möchte die/der Jugendliche schließlich doch ernsthaft spekulieren, kann mit Einverständnis der Eltern ein Depotkonto ohne Überziehungskredit eröffnet werden. Ein Portefeuille aus 8 Standardwerten, je zwei deutschen, europäischen, amerikanischen und asiatischen vielleicht, ist relativ sicher und motiviert zugleich, den Wirtschaftsteil der Zeitung zu lesen.

Bastian Timm, Autor von „Börse ist echt geil" im Spiegel-Interview über seine Erfahrungen als gymnasialer Spekulant: „Zuerst einmal muss man genau wissen, was man an der Börse will, und darf sich nicht von jedem verrückt machen lassen. Man muss an sich selbst und seine eigenen Ideen glauben, dann hat man damit auch langfristig Erfolg. Außerdem sollte man an der Börse nicht zu gierig sein. Die Leute, die am Neuen Markt nicht genug kriegen konnten, haben wahrscheinlich Haus und Hof verzockt."

Seine Tipps unter www.timm-boerse.de.

Spekuliert schließlich ein volljähriger Mensch, kann man nur hoffen, dass keine Kredite eingesetzt werden, damit ein eventuelles Debakel wenigstens ohne zinspflichtige Schulden bleibt.

5 Geld verpflichtet

Die Einrichtung zentraler Handelsplätze und die Erfindung des Geldes revolutionierten vor 2500 Jahren die Gesellschaften rund ums Mittelmeer.
Seit etwa 1000 Jahren treiben Papiergeld, Märkte und Börsen Gewerbe und Handel an.

In der Neuzeit symbolisierte Geld zunehmend die geleistete Arbeit und die Produktionskraft der nationalen Volkswirtschaften. Lange war deutsche Arbeit billiger als US-amerikanische, jetzt ist asiatische Arbeit kostengünstiger als europäische. Man kann davon profitieren, indem man ein koreanisches Auto kauft, vordergründig auch auf Kosten der heimischen Arbeitsplätze.

Momentan wird Geld zu einem elektronischen Verrechnungswert. Farbige Zahlenkolonnen transferieren auf Bildschirmen sehr hohe Beträge anonym um den Globus. Vom heimischen Sessel aus werden per Internet die eigenen Kontostände abgefragt und per Teleshopping weltweit Waren bestellt und bezahlt. Niemand wertet die Produktionsbedingungen und -wege. Nichts klimpert in den Ladenkassen, kein Geldschein knistert sinnlich zwischen den Fingern.

Plastikkarten

Kein Gold, keine Münzen, nicht mal mehr Scheine – nur Plastik?

Beim Girokonto verwaltet die Bank bargeldlos. Beim Dispokredit gestattet die Bank begrenzte Kontoüberziehung. Beides mit einer Scheck- oder Kreditkarte kombiniert ist praktisch, kann aber sehr viel kosten. Als Zwischenschritt denkbar: die wieder aufladbare Karte ohne Überziehungsmöglichkeit.

Die 18-jährige Anja gesteht: „Das erste Mal mit Dispokarte war ich völlig high. Einfach die Beträge eintippen, ohne Rücksicht auf das Konto, und ratter, ratter, kam das Geld raus. Ich hab' gleich nicht nur die üblichen 100 geholt, sondern es auch mit 200,– und 300,– probiert. Als ich nach einigen Wochen die Abbuchung von den 600 sah, fiel ich fast in Ohnmacht. Und dann noch die Überziehungszinsen. Das war schon heftig."

1950 etablierte der Diners Club die erste moderne Kundenkreditkarte, damals noch aus Pappe. Verbraucher zahlen seither zunehmend weltweit mit unterschiedlichen Karten, oft ohne den genauen Stand aller Konten im Kopf zu haben. Kleingeld wird zu einer lästigen Beschwerung der Brieftasche.

Die Überbringung großer Barbeträge wird allmählich zum Verdachtsmoment und die Barzahlung kleinerer Summen zum Beleg sozialer Schwäche. „Die Armen zahlen bar" formulierte *Anatole France* vor 100 Jahren.

Fast alle Geschäfte, die Tankstelle, der Supermarkt, auch der Kleiderladen buchen umstandsarm mittels electroniccash vom Chip auf der Kundenkarte. Da fehlt schnell der Überblick.

Warum nicht dem Partner oder der Partnerin eine billige Zusatzkarte zum eigenen Konto ausgeben lassen? Romantisch gedacht, aber weit gefehlt, weil damit eine gemeinsame Haftung begründet wird. Manche Jugendliche können das nur schwer einsehen.

Desgleichen gilt für Bürgschaften. Freundschaftlich gemeint, endet die Hilfe allzu oft tragisch. Daher gilt:

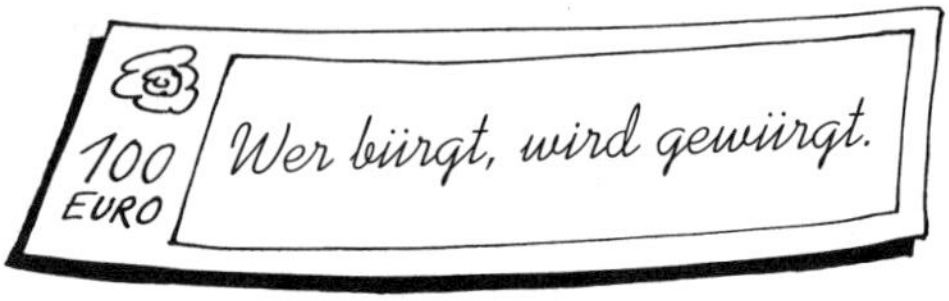

Ich kenne kein Beispiel dafür, dass Eltern etwas Geld von ihren Jugendlichen geliehen hätten, um es als „Lehre" für die Unsicherheit der Rückgabe demonstrativ nicht zurück zu zahlen. Aber ich kenne zahlreiche Schilderungen von jungen Leuten, die an Freunde Ausgeliehenes vollständig abschreiben mussten: Von einst vertrauensseligen Verliebten beispielsweise, die gesamtschuldnerisch die restlichen Mietzahlungen der ehemals gemeinsamen Wohnung alleine ableisteten. Oder von MitunterzeichnerInnen eines Kaufvertrages, die lange für das vom Partner bereits verschrottete Auto bezahlten. „Das passiert mir nie wieder!" lautet die bittere Erfahrung.

Vermutlich wird schon in wenigen Jahren kaum noch jemand die soeben in Umlauf gebrachten Euro-Münzen und Scheine nutzen. Kreditkarten werden überholt sein.

Vielleicht übernehmen persönliche Kleinstcomputer, die nur zwischen den unverwechselbaren Fingerkuppen des Besitzers funktionieren, alle Zahlungen und Eingänge. Statt durch die Kassen wird man den Einkaufswagen im Supermarkt durch Messstellen schieben, die die Preise berührungslos von Mini-Chips an den Verpackungen übernehmen und verbuchen. Die Geräte werden signalisieren können, wenn das übliche Budget überschritten ist. Sie werden melden, dass ein ähnliches Produkt nicht viel teurer und welcher Zwischenkredit zu empfehlen sei.

Die Entscheidung zum Kauf oder zum Zurücklegen des begehrten Produktes aber wird weiterhin bei der Persönlichkeit des Käufers liegen.

Liebeslohn

„Time is money". Aber Geld ersetzt keine Zeit. Kinder brauchen liebevolle Aufmerksamkeit, und die kostet Zeit. Die persönliche Aufteilung in private Lebenszeit und Verdienstzeit wird immer weniger durch feste Tarifverträge geregelt: „Samstag gehört Papi mir" gilt seit langem nicht mehr überall.

Freiberufler können ihren Verdienstausfall während eines Samstags mit den Kindern sogar beziffern. Viele „Teilzeit"-Eltern können den Erwartungen hier wie dort nicht nachkommen.

Aber das Freikaufen mit großen Geschenken, hohem Taschengeld oder neuester Medienelektronik funktioniert auf Dauer nicht. Alle Menschen, übrigens auch die Partner, spüren sehr genau, welche Wertschätzung sie wirklich erfahren, und zwar weniger in Form von Geld und materiellen Dingen als vielmehr in der Beziehung.

Vater Gerhard fand eine sehr gute Lösung. Er und seine Frau betreiben eine Baumschule, für die mehrmals im Jahr Jungpflanzen eingekauft und geholt werden müssen. So nimmt er in den Ferien abwechselnd jeweils eines seiner Kinder im LKW mit auf die Tour.

Stolz im hohen Laster sitzend, gibt es viel zu erzählen und miteinander zu erleben. Vaters Geschäfte vermitteln dem Kind die Erwachsenen- und Geschäftswelt höchst anschaulich. Zusätzlich wird jeweils ein Extratag nach Kinderwunsch gestaltet, letztes Jahr am Genfer See mit Baden und einer Fahrt mit der Fähre.

Solch ein Zeitgeschenk ist für Beide weit interessanter als ein 100-Euro-Schein zum Geburtstag. Das gilt genauso für die Verwandtschaft:

Tante Heike und Onkel Pedro haben einen kleinen Garten hinter dem Haus. Dort haben alle Nichten und Neffen ihr eigenes kleines Beet. Onkel Pedro half beim Anlegen, er hält die Ränder frei und macht Fotos. Tante Heike notiert, welche Samen und Stecklinge wo gesetzt wurden. Beide gießen mit, sollten die Kinder länger nicht kommen können. Alle zusammen jäten Unkraut. Manchmal werden zu Ostern kleine Samentütchen verschenkt.

Die Kinder haben schon Kartoffeln geerntet, Blumen geschnitten und nach Hause mitgenommen. An anderer Stelle entfaltet bereits im 2. Jahr eine Kastanie ihre Blätter. Die Stimmungen und Erinnerungen werden die Kinder für ihr Leben prägen.

Es ist kein Problem, wenn es bei Onkel und Tante naturbelassenen Apfelsaft gibt, zu Hause aber sprudelndes Cola. Auch nicht, wenn die Großeltern den Enkeln gerne Geld zustecken, während zu Hause Konsumkritik geübt wird. Denn schon Kindergartenkinder können sich für kurze Zeit auf andere Personen und Umgangsweisen einstellen – sofern sich die Bezugspersonen nicht gegenseitig abwerten! Also weder falsche Erklärungsversuche noch Verwandtschaftsdiplomatie, sondern den offenen Austausch über die unterschiedlichen Möglichkeiten pflegen.

Weiterlesen? Wunsch, A. (2000): Die Verwöhnungsfalle. Kösel, München. Ein Buch über *Konsumdruck und Markenterror im Wohlstands- und Wohlfahrtsparadies.*

Das Gleiche gilt für die anderen Umgangsformen beim getrennt lebenden Elternteil. Ältere Kinder sind sogar flexibler und krisenfester, wenn sie gelernt haben, sich in unterschiedlichen Lebenswelten zu bewegen.

Wertvolle Geschenke und große Eisportionen am Besuchssonntag heilen den Trennungsschmerz zwischen Elternteil und Kind nicht, sondern überspielen lediglich die Schwierigkeit, angemessene Beziehungsarbeit zu leisten. Besser als Extra-Taschengeld vom getrennt lebenden Elternteil wirken Zuwendungen in eine Ferienkasse für alle Kinder bei der Mutter, schließlich gehören auch die Stiefkinder zur Geschwistergruppe, die nicht neidisch aufeinander werden sollte.

Bunt zusammengewürfelte, so genannte Patchwork-Familien müssen ihre finanziellen Beziehungen sinnvoll stückeln. Beispielsweise erben Kinder bisher den Pflichtteil nur von leiblichen Eltern, also nicht von Stiefeltern. Wünschen Sie es anders, sollten Sie sich von einem Rechtsanwalt beraten lassen. Der amerikanische Soziologe und Psychotherapeut *Lewis Yablonsky* (1992, 82ff) formulierte drei Grundsätze:

- Versuchen Sie nie, sich von Ihren Schuldgefühlen loszukaufen.
- Lassen Sie Geld nie wichtiger werden als Liebe.
- Strafen Sie nie durch Geldentzug.

Und er empfahl für die Gelderziehung:

- Vermitteln Sie finanzielle Grundsätze.
- Bringen Sie Ihren Kindern Geldeinteilung bei.
- Lassen Sie die Kinder zuhause Fehler machen, damit sie den Wert finanzieller Unabhängigkeit kennen lernen.
- Sorgen Sie dafür, dass auch nicht-materiellen Werte beachtet werden.

Die häufigsten kinderfeindlichen Erscheinungen unserer Gesellschaft sind neben dem Zeitmangel wahrscheinlich Alkohol- und Medikamentenmissbrauch in der Familie, sowie die über viele Jahre politisch gewollte Arbeitsmobilität, die Kinder (zu) weit von Großeltern und anderen Verwandten entfernt. Dagegen helfen weder Geld noch Markenbewusstsein.

Lügen und Stehlen

Je seltener Kinder sehen, dass Waren mit mühsam verdientem Geld bezahlt werden, desto näher liegt ihnen, Dinge einfach einzustecken. Dagegen wirken letztlich nur eindringliche Erklärungen und notfalls auch eindeutige Verbote, also Worte.
Demgemäß folgen kindliche Diebstähle häufig, wenngleich nicht zwangsläufig, früherem häufigem Flunkern und den „Statuslügen".

Der 10-jährige Kevin schreibt nur die Hälfte der Schulaufgaben in sein Heft, stiehlt der Mutter Münzgeld aus dem Haushaltsbeutel und lügt bei Nachfrage. Sogar, wenn er bereits überführt ist.

Er wäre intelligent und kräftig genug, für seine Freunde mehr als nur den Kasper, Angeber oder Schläger darzustellen. Aber der Junge ist von klein auf Schlüsselkind. Als Fünfjähriger zündelte er auf dem Teppichboden mit Streichhölzern, wenn er frustriert war. Heute schlägt er zu, sobald er sich beleidigt fühlt. Bei Missachtung braust er auf. Fehlen ihm angemessenes Können und Benehmen, erkauft er sich mit Geschenken einen Sonderstatus, beispielsweise in seiner Straßengruppe. Dafür verwendet er das zu Hause gestohlene Geld.

Zur Rede gestellt, erfindet er Lügen und Ausreden. Mehrfach überführt, schweigt er trotzig.

Verhaltensprobleme entstehen selten von heute auf morgen, sondern sind meist das Ergebnis langer Fehlentwicklungen: Natürlich testen Kleinkinder verschmitzt, ob man ein Verbot wirklich durchsetzt. Selbstverständlich probieren sie aus, wie weit sie gehen können. Genauso prüfen erste Flunkereien die Gültigkeit von Worten.

Verschaffen Sie daher zumindest Ihren ernst gemeinten Worten frühzeitig konsequent Geltung!

Etwa ab dem 4. Lebensjahr erfinden die meisten Kinder Phantasiegeschichten und Wunschvorstellungen, die sie beim Erzählen selbst glauben. Das Köpfchen denkt noch impulsiv, das Gewissen bedenkt und bewertet noch nicht parallel dazu. Nehmen Sie die Geschichten zwar geduldig zur Kenntnis, stellen Sie dann aber beharrlich die Realität daneben.

Jedes 7. Kind gilt als entwicklungsgefährdet. Alljährlich werden etwa 150.000 unter 14-Jährige verdächtigt, Straftaten begangen zu haben. Im Einzelfall ist eine Zukunftsprognose schwierig.

Wurde offenbar erstmals ein Lippenstift oder eine Packung Zigaretten eingesteckt, sollte sich der/die TäterIn im Laden entschuldigen, den Schaden begleichen und die gestohlene Ware eigenhändig vernichten. Entdecken Eltern jedoch systematische Wiederholungstaten, empfiehlt sich eine intensive Erziehungsberatung. Bei den notwendigen Diskussionen über Lügen und Stehlen hilft die Kenntnis der Verantwortungshierarchie:

- Kleinkinder erschrecken selbst, wenn ihnen ein Fehler passierte.
- Kindergartenkinder fühlen bei Tadel betroffen mit und geloben Besserung.
- Schulfähige Kinder gestehen die Missetat und akzeptieren Bestrafung.
- Grundschulkinder entschuldigen sich und machen wieder gut.
- Jugendliche in der Pubertät verantworten und haften angemessen.
- Erwachsene verantworten und haften vollständig.
- Reife Menschen sühnen gemäß ihrem Gewissen.

Angstlügen entstehen meist aus Furcht vor harter Strafe. Beenden Sie also das Drohen und beteiligen Sie das Kind an der Suche nach besseren Lösungen.
Notlügen brechen aus unvereinbaren Gefühlen oder unlösbaren Konflikten hervor. Reden und helfen Sie, bis sich Auswege eröffnen.
Flunkern sucht die leichten Lösungen. Erstens sollten Sie selber offen und ehrlich Fehler klären, eingestehen und lösen. Zweitens beharrlich aufklären und Wiedergutmachung erwirken. Drittens Zuversicht für wirkliches Bemühen vermitteln.
Statuslügen heischen nach Anerkennung, meist als Ersatz fehlender Kompetenzen. Also ermöglichen Sie wirklichen Status durch Forderung vorhandener Kompetenzen. Verschaffen Sie Jugendlichen echte Zuverdienst- und Gestaltungsmöglichkeiten.

Mit zunehmendem Alter sollte notwendiger Tadel um die Wiedergutmachung auch der familiären Deliktfolgen ergänzt werden:

„Jetzt haben wir so lange gebraucht, die Sache aufzuklären. In der Zwischenzeit hätte die ganze Familie Besseres tun können. Deshalb solltest du etwas Erfreuliches für uns tun! Du könntest all unsere Fahrräder putzen!"

Mehr dazu in meinem Ratgeber: Liebenow, H. (1999): Konsequenz – Wie Eltern lernen, was Kinder brauchen. Reinbek, Rowohlt.

Taschengeld sollte grundsätzlich nicht zur Strafe gekürzt werden. Es mag für kleinere Reparaturen herangezogen werden, wenn etwas beschädigt wurde, nicht jedoch als Strafe für Betrug. Für eine kurze Zeit der Konfliktberuhigung sollten aber Zulagen entfallen und Zuverdienste zur Wiedergutmachung angerichteter Schäden auferlegt werden. Für schon etwas vernünftigere 8-Jährige und Ältere steht weniger Strafe als angemessene Wiedergutmachung im Vordergrund.

Ab einem Alter von 7 Jahren können Kinder für Schäden haftbar gemacht werden, was meist auf die Eltern zurückfällt. 14-Jährige sind nur beschränkt geschäftsfähig, können aber nach Jugendstrafrecht zur Verantwortung gezogen werden. Volljährige sind zu allen finanziellen Schritten berechtigt, müssen aber auch vollständig haften.

Kleine Diebstähle dürfen die Grenze zwischen Mein und Dein ebenso wenig verwischen, wie elterliche Raffinesse ein schlechtes Vorbild abgeben sollte: „Das Salzwasser kriegen wir doch nie mehr aus der Kamera raus. Am besten, wir melden hier am Urlaubsort der Polizei und später daheim der Versicherung einen Diebstahl. Vielleicht haben wir am Schluss sogar zwei Apparate."

Erstaunlich viele Jugendliche schildern begeistert solche Tricks aus ihrem engsten Umfeld. Hoffentlich wachsen sie rechtzeitig über ihre Vorbilder hinaus!

Weiterlesen? Pressler, M. (1976): Nickel Vogelpfeifer. Beltz und Gelberg, Weinheim.
Nickel hat sich so sehnlich ein Fahrrad gewünscht, doch leider nicht bekommen. So stiehlt er eines, findet aber keine Freude daran.

Prepaid-Karten

Über Jahrzehnte bekämpften genervte Eltern die Telefonierleidenschaft pubertierender Töchter und Söhne mit ernsten Worten oder umständlichem Abschließen der Wählscheibe. Jetzt werden den „Quasselstrippen" eigene ISDN-Nummern zugeteilt und die Abrechnungen getrennt erstellt. Oder die jungen Leute müssen sich selbstständig Prepaid-Karten für das Handy besorgen. Dahinter steckt eine erzieherisch sinnvolle Devise:

Vielstündige Krisentelefonate aus Liebeskummer sprengen jedes vorgesehene Handy-Budget, vom Auslandsurlaubsort beispielsweise entstehen in kürzester Zeit 1.000,– € Gebühren.

Die Eltern sind von Sandras neuester Errungenschaft nicht begeistert. Das bunte Handy mit möglicher Internetverbindung für den tragbaren PC könnte tatsächlich von der ganzen Familie genutzt werden. Insofern wäre ein Zweijahresvertrag mit niedrigeren Verbindungsgebühren sinnvoll.

Aber die etwas flippige Sandra würde wahrscheinlich mit Unschuldsmiene die Hälfte des Haushaltsgeldes für Telefonate verbrauchen. Streit wäre unvermeidlich. Und wie wären erst die Folgen, falls Sandra ihre PIN den begehrlichen Freunden verraten würde!

Also werden die Eltern den schon vorbereiteten Zweijahresvertrag nicht unterzeichnen, womit der noch schwebend unwirksame Kauf ihrer minderjährigen Tochter hinfällig wird, sobald Sandra das Gerät im Laden zurückgibt.

Die Jugendliche ist sehr enttäuscht, aber die Eltern kennen Sandras Versprechungen zur Genüge.

„Kompromiss zur Güte: Suche dir einen Nebenjob und kaufe dir ein gebrauchtes Gerät. Für die Prepaid-Karte legen wir den halben Betrag zu, und dafür dürfen wir dein Handy auch manchmal benutzen."

Dass eine zukünftige Nutzung portionsweise im Voraus beglichen werden muss, ist nicht neu. In älteren Filmen sieht man manchmal noch, wie früher Gas-, Wasser- oder Stromzähler durch Vorauszahlung erst freigeschaltet werden mussten. Insofern legen die vorab zu bezahlenden Handy-Karten lediglich eine ursprüngliche Zahlungsweise neu auf: Erst das Geld, dann die Leistung oder Ware.

Von mir kurz vor ihrer Schulentlassung befragte Lernbehinderte fanden solche Vorauszahlungen positiv, „weil man dann keine Schulden machen kann". Andere Jugendliche akzeptieren diese altmodische Zahlungsweise ohne weiteres, um Spaß und Status moderner Kommunikationselektronik nutzen zu können: „Man muss das Benzin ja auch bezahlen, bevor man es verfahren kann."

Auslandstelefonate per Handy kosten momentan beide Seiten besonders viel, so dass man Gebührenopfer werden kann. Dagegen hilft die vergleichsweise schlichte Routine, im Ausland öffentliche Telefonzellen zu benutzen.

Anfang 2001 befragte BerufschülerInnen telefonierten und mailten per Handy für monatlich zwischen (umgerechnet) 15,– € und 75,– €, die meisten über Prepaid-Karten. Demgemäß gaben die wenigsten jungen Leute an, wegen der Handykosten Konflikte mit den Eltern zu bekommen.

Nur wenige Vielnutzer hatten Verträge abgeschlossen und liessen die Gebühren abbuchen. Ihre Unterschriften bürgten für viel zukünftig fließendes Geld.

GymnasiastInnen der 9. und 10. Klassen verbrauchten gemäß einer Befragung in Reutlingen im Sommer 2001 zumeist unter 25,– € für ihre Handys, 15 % allerdings auch deutlich mehr als 50,– €; Jungen wie Mädchen ohne größeren Unterschied. Täglich 2–3 SMS waren üblich, insbesondere bei den Mädchen, denen allerdings die Eltern mehr zu den Kosten zuzahlten. 2/3 der jugendlichen Mädchen und fast alle Jungen zahlten ihre Handyrechnungen selbst, ohne deshalb Nebenjobs annehmen zu müssen.

Dass Telefonieren im Festnetz deutlich billiger ist, wussten sie alle!

Ähnliche Probleme und Lösungen werden noch viele technische Neuerungen sowie persönliche Entscheidungen im Einzelfall erfordern.

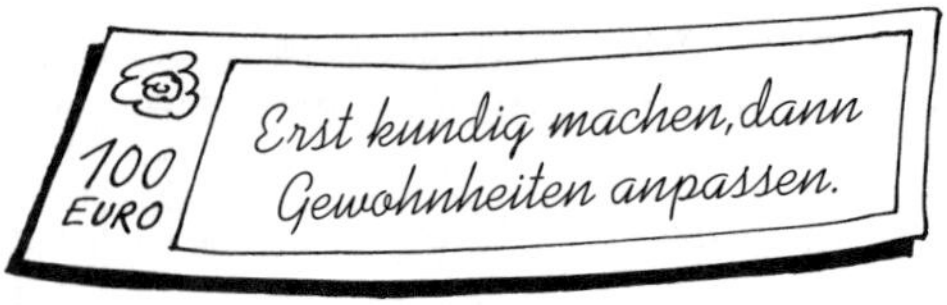

Psychologisch gesehen, beugen die Prepaid-Karten jugendlicher Verführbarkeit und mangelhaftem Überblick vor. Pädagogisch gesehen, erspart die unabdingbare Vorleistung erzieherische Auseinandersetzungen und/oder Kontrolle der Zahlungsmoral.

Die Handyhersteller und Netzbetreiber investieren Milliarden, um ihre Geräte und Dienste zur weiteren Umsatzsteigerung multimedial tauglich zu machen. Telefonat und SMS, WAP-Spiele und Informationsabruf, Telekauf und Brokerage beispielsweise lassen die fortschreitende Computerisierung des Alltags und des Geldverkehrs erahnen. Bald wird nahezu alles überall abrufbar, mitteilbar und steuerbar sein. Aber nicht jeder wird über die Mittel verfügen, alles kaufen und nutzen zu können. Man wird sich also seiner Interessen, Bedürfnisse und Möglichkeiten noch bewusster sein müssen als heute schon. Man wird Neid vermeiden und zugleich beherrschter handeln müssen. Man wird noch individueller und zugleich öffentlicher leben.

Schulden

Mit der Volljährigkeit erlangen junge Leute sowohl vollständige Geschäftsfähigkeit als auch volle Haftungspflicht. Knapp 3 Millionen Haushalte sind nicht in der Lage, die fälligen Rückzahlungen und Zinsen aus laufenden Einnahmen zu begleichen: Überschuldung ist häufig die Folge.

Der junge Mann hatte mit einem so genannten Allzweckdarlehen der Bank über umgerechnet 5.000,– € und mit weiteren 4.000,– € der Freundin einen Golf gekauft. Schon in der fünften Wochen zerschellte das Fahrzeug, sein ganzer Stolz, an einem Baustellenfahrzeug – glücklicherweise ohne Personenschäden.

Deprimiert fuhr der junge Mann nun wieder Bus und schuldete bereits 9.000,– € für den Golf sowie die auflaufenden Verzugszinsen. Etwa 12.000,– € würden bald der Versicherung zu erstatten sein, da diese für den entstandenen Schaden nicht aufkommt, da der Fahrer den Unfall im Zustand der Trunkenheit verursacht hatte.

Von der Freundin verlassen, das Girokonto gesperrt, von Bank und Versicherung verklagt und vom Vater der Freundin bedrängt, floh der Schuldner in die Großstadt, fand dort aber keine neue Stelle. Also zahlte er die unvermeidliche Mietkaution mit von Verwandten erbetteltem Geld. Und die ersten Sozialhilfegelder flossen sogleich in die Anzahlung einiger Versandhausmöbel. Die weiteren Miet- und Ratenzahlungen „vergaß“ der Beschäftigungslose. Alsbald gingen Räumungsklage und Mahnbescheide ein. Auf Umwegen gelang ihm noch der Mietkauf eines Fernsehers für 65,–€ monatlich gegen die quälende Untätigkeit. Alsbald betäubte gestohlener Wodka die aufkommenden Schuldgefühle und den Verlust der Freundin.

Die Jobsuche aufgegeben, alle Rechnungen in den Müll geworfen, die Gerichtsvorladung tief in die Schublade geräumt. Eines Tages wurde der Strom abgestellt, die Lage aussichtslos.

Wegen der Ladendiebstähle von Schnaps stand schließlich die Kriminalpolizei in der völlig verwahrlosten Wohnung, wenige Tage vor einer angekündigten Zwangsvollstreckung. Durch Empfehlung zur Schuldnerberatung, dort kam es zur Offenlegung aller Finanzverhältnisse: Der junge Mann hatte bereits knapp 32.000,– € Schulden insgesamt, aber keinerlei Erwerbseinkommen. Offenbarungseid und Privatkonkurs wurden unvermeidlich.

Begann die Verschuldung bereits in früher Jugend, muss mit dem Abtragen der Schulden wahrscheinlich auch eine Neigung zum Schuldenmachen überwunden werden. Konsumrausch und Spielsucht bedürfen spezieller Psychotherapien.

Für Jugendliche ein flott geschriebenes Beispiel: Naumann, F. (1995): Die schnelle Mark. Rowohlt, Reinbek.

In Kassel beispielsweise bietet ein gemeinnütziger Verein Kindern, Jugendlichen und jungen Erwachsenen Schuldnerberatung an und beschreibt die Schritte der Schuldensanierung.

Erste Säule: Finanzrechtliche Beratung. Erfassung der finanziellen Situation, Sicherung der materiellen Lebensgrundlage (u. a. Wohnung, Energieleistungen), Klärung der Mietrückstände, Konto- oder Kreditkündigung, Klärung der Raten- und Versandhauskäufe, Umgang mit Mahn- und Vollstreckungsbescheiden, Klärung der (Lohn-)Pfändungen, Abgabe der eidesstattlichen Versicherung, Entwicklung einer geeigneten Entschuldungsstrategie, Verhandeln mit Gläubigern (Schuldenregulierung), Informationen zum neuen Insolvenzrecht für Privatschuldner.

Zweite Säule: Lebenspraktische Beratung. Budgetplanung (Haushaltsbuch), Erschließung finanzieller Ressourcen, Klärung von Ansprüchen auf Sozialleistungen, Informationen und Empfehlungen zum besseren Auskommen mit dem Einkommen, Einsparmöglichkeiten, Einkaufsberatung und Kosumplanung.

Dritte Säule: Psychosoziale Hilfe. Hilfestellung bei der Bewältigung der psychosozialen Folgen der Überschuldung.

Vierte Säule: Schuldenprävention (pädagogisch-präventive Hilfe). Vermeidung von (weiteren) Schulden, Stärkung von Handlungskompetenz und Kritikfähigkeit.

Wissen Schuldner, dass Ratenkäufe und Haustürgeschäfte laut Verbraucherkreditgesetz bzw. Haustürwiderrufgesetz innerhalb einer Woche rückgängig gemacht werden können, müssen sie auch willens und fähig sein, den Widerruf schriftlich einzureichen.

Doch das zum 1. 1. 1999 in Kraft gesetzte Insolvenzverfahren für Privatpersonen wird kaum beantragt. Denn dieser Notanker kostet bedrängte SchuldnerInnen im Voraus bereits 2.000–4.000 €, und die nicht abtragbaren Schulden werden erst nach 7 Jahren getilgt.

Aber es kann jederzeit kostenloser Rat bei Schuldnerberatungsstellen (bei Rathaus oder Landratsamt erfragen), Verbraucherzentralen und Wohlfahrtsverbänden eingeholt werden. Ansonsten ist größte Skepsis gegen gewerbliche Umschuldungen anzuraten. Stets erfordert Schuldensanierung Verzicht, eisernes Durchhalten und Umlernen.

Treffen mehrere Belastungsfaktoren zusammen, kann jeder in Überschuldung geraten. Hauptbetroffene sind kinderreiche Familien, Allein Erziehende, Langzeitarbeitslose, chronisch Suchtkranke und gescheiterte Existenzgründer.

Allgemeine Information bei
www.forum-schuldnerberatung.de
Mehr Informationen zur Schuldnerberatung in Kassel (siehe Info-Fenster) im Internet:
www.schuldenpraevention.de

6 Persönlichkeitsfragen

Kommen junge Menschen endlich selbstständig mit ihren Geldern zurecht, müssen sie erkennen und bewältigen, dass sie trotz allen persönlichen Fleißes vom globalen Finanzsystem abhängen:

- Wechselkurse bestimmen den Einkaufswert ihres Geldes.
- Die Steuer- und Sozialpolitik schichten persönlich höchst bedeutsame Beträge um.
- Werbungsmilliarden konfrontieren mit der eigenen Manipulierbarkeit.
- Schon die Familienbudgets sind schier unüberschaubar.

Die EU betreibt die Angleichung der Lebensverhältnisse in den Mitgliedsländern. Aber die Presse berichtet von drückender Armut und sinnlosem Reichtum allerorten. Und die Gipfeltreffen der Weltbankvertreter werden von erbitterten Demonstrationen begleitet. Steht ökonomische Effizienz über politischer Moral?

„Natürlich muss das Geldsystem genauso wie das Rechtswesen unabhängig sein, es muss aber auch rechenschaftspflichtig sein, und die Gemeinschaft äußert sich nun einmal (indirekt) über die Politik darüber, ob das Geldsystem gut funktioniert oder nicht. Die obersten Richter über das Geldsystem sind also in der Tat die Bürgerinnen und Bürger – und nicht die Hohepriester irgendeiner undefinierbaren Ideologie, der Vorstand einer Bank oder willkürlich aufgestellte Statistiken. Das Geldsystem findet seine Berechtigung darin, daß es der Allgemeinheit dient." So urteilt Stephen Zarlenga (1999), Gründer des *American Monetary Institute*, am Ende seiner Geschichte der Geldmacht.

Welche Sozialmoral steht hinter unserem Finanzsystem, dem Wohlstandgefälle und den steuerlichen Umschichtungen? Warum verspricht Medienwerbung billig kaufbares Glück, wenn das Glück letztlich doch in Selbstverwirklichung gründe. Inwiefern hätten die Menschen gleiche Chancen, wenn tatsächlich weniger das Bemühen, sondern der Markterfolg honoriert würde?

Böte eine Liste aller Wertbegriffe mit finanziellen Folgen jungen Leuten Anhaltspunkte? Oder belassen sie es besser bei einer paradoxen „Tugend der Orientierungslosigkeit"?

Das gleich betitelte Buch von Goebel, J. und Clermont, C. erschien 1997 im Berliner Verlag Volk und Welt.

Zahlenkolonnen

Unfassliche Geldbeträge durchlaufen in Echtzeit die Computer des weltweiten Cyber-Bankings. Die übermittelten Daten gelten ohne greifbare materielle Deckung. Kann das so bleiben?

Werden die *Europäische Zentralbank* und die Mitgliedsregierungen, das Weltbanksystem von gut 180 Mitglieds-

staaten und all die anderen internationalen Gremien das weltweite Finanznetz kontrollieren wollen und können?

So genannte „Trader" verfolgen an ihren Bildschirmen die weltweiten Aktien- und Devisenumsätze und suchen aufkommende Trends. Sie spekulieren mit Millionenbeträgen ihrer Banken oder Institute um schnelle Profite zu realisieren. Im Optionsgeschäft sogar, indem sie Verkäufe anbieten, bevor sie die zu verkaufenden Werte überhaupt besitzen.

Diese Angestellten produzieren nichts, aber können unendlich viel Geld, also bereits geleistete Arbeit, zunichte machen.

Über den Kurs von Dollar und Franken weiß man ungefähr Bescheid. Rubel, Yen und Yüan nimmt man bestenfalls zur Kenntnis. Biplewell, Ngultrum, Renmimbi (1 Renmimbi, China, entspricht ca. 14 Cents) und viele andere Währungen sind nur Wenigen ein Begriff, es sei denn, man spekulierte international.

Wie erkennen wir unter den Ziffernkolonnen, die fast alles gegeneinander verrechnen, die wirklich wichtigen Zusammenhänge? Wie sollen handwerklich veranlagte Charaktere Beträge und Dimensionen einschätzen, wenn sie keine Münzstapel und Geldpacken anfassen können, sondern nur noch Zahlen mit unterschiedlich vielen Stellen interpretieren müssen? Und wie können wir ein Weltfinanzsystem beeinflussen, das unser persönliches Glück mitbestimmt?

Euroland

Der Euro verbindet Nationen, die sich einst bekriegten, und Völker verschiedener Sprachen zum zweitstärksten Wirtschaftsraum der Erde, mit vorerst gut 300 Millionen Menschen. Eine gewaltige Bürokratie sichert die neue Gemeinschaftswährung mit Gesetzen und europäischer Zentralbank, Sozialcharta und Konvergenzkriterien, Freizügigkeit für die Arbeitskräfte, Anerkennung der Ausbildungsgänge und Vielem mehr. Die Ausweitung des Eurolandes zum umsatzstärksten Wirtschaftsraum vor der amerikanischen NAFTA, Asien und dem tragisch „abgehängten" Süden scheint absehbar.

Die neue Währung vereinfacht den Geldumgang. Die *Europäische Zentralbank* druckt gemeinsame Banknoten und die Staatsbanken prägen national umlaufende Münzen. Der Euro ersetzt die deutsche Mark, Gulden, Schilling, Franc und auch schon das irische Pfund, Escudo und Peseta, Lira und Drachme sowie die nordische Finnmark.

> Die berühmten Taler, ehemals europaweit anerkannte Währung, stammten aus den Silberminen im böhmischen Joachimstal. Dort stellte ab 1519 ein Graf *Hieronymus Schlick* schwere „Joachimstaler Groschen" her.
>
> Bis zum Ende des Jahrhunderts überfluteten fast 12 Millionen dieser kurz Taler genannten Silberlinge ganz Europa und wurden zum Namenspatron des samoanischen Tala wie des amerikanischen Dollar.

Die Öffnung und Anpassung der sozialen Sicherungssysteme erfordert Umdenken. Die deutsche Bevölkerung ist aufgefordert, ihre Alterssicherung mehrgleisig anzulegen. Denn eine Berufsunfähigkeitsrente brächte maximal

25 % und die gesetzliche Rente z. Zt. maximal 45 % vom letzten Bruttogehalt. Ermunternd wird davon gesprochen, Versorgungslücken zu schließen.

Also eine Lebensversicherung über 25 Jahre hier und ein Bundesschatzbrief dort? Oder auf ein Erbe hoffen? Und wenn die Versteuerung alles wegnimmt? Besser auf Unterstützung durch die Kinder hoffen, denen man deshalb schon heute allen Besitz überschreibt?

Oder werden die heute Jungen bald an Steuer, Sozialversicherung, Eurokratie und Wechselkursen vorbei über Tauschbörsen direkt handeln: eine Stunde Nachhilfe gegen Autowaschen, beispielsweise? Oder eine Stunde meiner Psychotherapie gegen eine Stunde deiner Steuerberatung?

Die Zukunft ist immer offen, auch im neuen Europa. Es bleibt eine Persönlichkeitsangelegenheit, sich darauf einzustellen. Also dienen der Jugend weniger strategische Zukunftstipps, sondern Persönlichkeitsbildung im Sinne der Befähigung zu selbstbewusster Lebensgestaltung.

Die Europabeauftragte von Mühlheim am Main bietet beachtenswerte Informationen zu Euro, Euroland und Taschengeld unter www.europa4young.de.

Werbungsmacht

Geradezu unausweichlich bearbeitet allgegenwärtige Werbung die Konsumentenpsyche. *Benjamin Blümchen* erreicht monatlich eine halbe Million Kinder, *Bravo* wöchentlich knapp 2 Millionen Jugendliche. Parallel geschaltete Anzeigen schaffen Reichweiten von etwa 50 %. Die Vorabendprogramme von ARD und ZDF schalten täglich etwa 40 Werbeblöcke, knapp 15.000 Spots im Jahr.

Da bleibt manches im Gedächtnis, besonders in der Vorweihnachtszeit. Glücklicherweise aber nicht alles, denn es gibt das psychische Phänomen der Reaktanz: Bei zu großer Reizmenge erfolgt keine Resonanz mehr.

Erst 4-Jährige merken, dass ein Werbeblock nicht zur eigentlich gewählten Geschichte passt. Kinder ab 7 Jahren durchschauen die Absicht der Werbung. Ab diesem Zeitpunkt relativiert Vernunft die Botschaften. Sieht sich noch ein Fünftel der Zweitklässler gerne Fernsehspots an, sind es bei den 12-Jährigen nur noch wenige Einzelne (Gottschalk 1999, 6ff.)

1981, 14 Tage Ferienlager von 5- bis 8-jährigen Kindern. Alle bekamen nachmittags Zeichentrickfilme mit verschiedenen zwischengeschalteten Kurzspots zu sehen.

- Gruppe a sah Werbung für Limonade und Süßigkeiten.
- Gruppe b wurden Obstsäfte angepriesen.
- Gruppe c erhielt Belehrungen über gesunde Ernährung.
- Gruppe d schließlich genoss die Filme ohne Werbespots.

Das Ergebnis: Bei der Nachmittagsvesper bevorzugten die Kids, die Werbung für Süssigkeiten gesehen hatten, genau diese Produkte, während alle anderen eine Präferenz für Obst und Säfte zeigten (Claar 1996, 149).

Neigen Eltern zu spontanen Käufen, tendieren auch die Kinder dazu. Drehen Bezugsperson jeden Euro fünf Mal um, bevor sie ihn ausgeben, werden wahrscheinlich auch die Kinder geizig sein. Zumindest bis zur Pubertät: Dann bilden Jugendliche ihren eigenen Stil. Fortan drückt die Entscheidung, einen Euro nicht schnell in einen Softdrink umzusetzen, sondern lieber für die Anschaffung neuer

Lautsprecher zurückzulegen, individuelle Persönlichkeit aus.

Die 10-Jährigen geben jährlich etwa 500 Millionen Euro selbstständig aus. In ähnlicher Dimension motiviert der Nachwuchs das Kaufverhalten der Eltern, insbesondere bei Süßigkeiten, Jogurt, Limonade und Zahnpasta. Auch die Trends bei Bekleidung, Schulsachen und Sportartikeln werden von den Eltern respektiert. Folglich sind Kinder erklärte Zielgruppe von Konsum- und Anschaffungswerbung.

Es beginnt mit der Bausparwerbung „Wir geben Ihrer Zukunft ein Zuhause", noch bevor sich das zukünftige Elternpaar überhaupt gefunden hat. Dann werden der Schwangeren schwere Kataloge in den Briefkasten geworfen und den Eltern Gutscheine für ein Sparkonto auf den Namen des Kindes zugesandt. Kaum groß genug, holen sich die Zukunftskunden Comics und Malhefte vom Schalter herunter. Und im Grundschulalter stürmen sie die Filialen für Preisausschreiben und verbilligte Zirkuskarten.

Daheim flimmern allabendlich quirlige Honig-Flop-Bienen über den Bildschirm, kreischen neue Plastikmonster in die Kinderohren, wird mit der Haselnusscreme auch Mutterliebe auf's Brötchen geschmiert – etwa 2/3 aller Kinder verlangen dafür die populäre Marke.

Schätzungsweise 90 % aller neu geschaffenen Produkte erleben einen Flop am Markt und überstehen den ersten Produktionszyklus nicht.

Im Gegensatz dazu investieren Firmen Unsummen, um Markennamen mit Produktgruppen gleichzusetzen. Bei *Nutella* und *Coca-Cola* geht es für den Käufer nur um Centbeträge, obgleich für die Firmen um Millionen. Bei Modekleidung und Trendartikeln geht es für die Konsumenten schon um Hunderter, und bei Autos gar um Tausender.

Sympathieträger wie *Ernie und Bert, die Simpsons* oder *Pokémons* heben Jogurts, Pullover und Süßigkeiten über jeden sachlichen Produktvergleich hinaus. Jugendliche halten sich für dumm, würden sie das coole Start-Set aus Girokonto und Kapitallebensversicherung auslassen. Die phantastisch ziselierten Ohrclips aus dem Marketing-TV wirken im Tagesangebot einmalig günstig. In Spiel- und Musikfilmen scheinbar beiläufig auftauchende Produkte erhalten das Flair und Feeling der Filme.

Und wer könnte sich dem Argument verschließen, dass die bürgerlichen Wohnstuben erst durch den viel umworbenen Nachwuchs mit Video und Musik-CD, PC und Handy modernisiert worden seien.

Auch auf dem großen Kindermarkt wird das Kundengeld multimedial in die Firmenkasse gelockt. Lego und Ravensburger sind in mindestens jedem zweiten Kinderzimmer vertreten.

Infos und Analysen aus Markt- und Medienforschung unter www.egmontforkids.funline.de.

So ist es eben, Lamentieren nützt nichts. Sinnvoller sind Engagement beim Verbraucherschutz und pädagogische Persönlichkeitsstärkung. Denn selbstbestimmte Menschen bewältigen den Konsumdruck besser.

Die Werbung selbst scheint mir das kleinere Problem, die verlorene Zeit für Spiel, Kooperation, Mitgefühl und Kreativität das weitaus größere.

Gegen den Einfluss von Werbung immunisiert zu einem gewissen Maß die Unterscheidung von Mögen und Brauchen. „Ich will jetzt eine Cola“, bedeutet Mögen-Konsum, denn ein Mineralwasser würde ebenfalls den Durst löschen. Richtiger formuliert wäre, „Ich möchte ...“

„Ich brauche neue Akkus für den Player“ meint hingegen eine Ersatzbeschaffung, die zwar vielleicht aufschiebbar wäre, aber mehr als ein augenblickliches Bedürfnis ausdrückt.

Wir unterscheiden alltagssprachlich auch nicht klar zwischen „ich möchte, mag, will, brauche, muss“. Vordergründig klingt eine Forderung dadurch zwar milder, aber im Grunde erschwert es die inhaltliche Abklärung und sicher die Erziehung sehr.

Klären Sie also für sich, ob beispielsweise hinter Ihrem großzügigigem „Tue, was du willst“ Ungeduld steckt oder Anerkennung der willenskräftigen Selbststeuerung des Kindes.

Je älter ein Mensch ist, desto mehr beeinflusst Wissen um die Zusammenhänge persönliche Entscheidungen. Bei einem Test des Wirtschaftswissens an 20.000 Schülern aus 6 Ländern rangierten die deutschsprachigen allerdings knapp unterdurchschnittlich (Gottschalk 1999, 8).

Gegen die Werbungsmacht stärken:

- Vorbildliches Engagement der Eltern in Vereinen, Kirchen, Themengruppen
- Belohnung durch Lob, Interesse, Zeit füreinander, werbungsferne Dinge
- Die Erfahrung, dass Genuss und Spaß gut ohne Konsum möglich sind
- Intensive und vertiefende Erlebnisse und Aktivitäten
- Förderung kreativer Gestaltung
- Den Fernsehenkonsum insgesamt einschränken
- Förderung von Willenskraft statt Lustprinzip
- Strikte Beachtung der Anfangs- und Endzeiten von Sendungen
- Erklärungen, die das Verständnisvermögen richtig fordern
- Das Kinderargument, dass alle anderen das Objekt der Begierde hätten, entkräften
- Beiträge des Kindes zum Kauf
- Wirtschaftswissen
- Das Selbstbewusstsein, jemand zu sein und etwas zu können, statt lediglich etwas Gekauftes vorzeigen zu können.

Einkommen und Auskommen

Dem ersten Armuts- und Reichtumsbericht der Bundesregierung von 2001 zufolge verfügen 10 % der Haushalte über 42 % des Privatvermögens, während die Hälfte der Bevölkerung mit 4,5 % des Privatvermögens auskommen muss. Diese Einkommensschere geht langfristig weiter auseinander. „Wer hat, dem wird gegeben", da von höheren Einkommen in zusätzlich rentierende Anlagen investiert werden kann.

Laut *Spiegel* kassierten die Vorständler der Deutschen Bank im Jahr 2000 durchschnittlich fast 8 Millionen €, also knapp 1000,– € stündlich, werktags und feiertags, tags wie nachts. Doppelt verdienende Paare ohne Kinder dagegen kamen 1998 im reichen Baden-Württemberg monatlich auf netto etwa 1250,– € pro Person. Und in sozialhilfefinanzierten Haushalten allein Erziehender mussten durchschnittlich 500,– € pro Person einen ganzen Monat lang genügen.

Die „Internationale Arbeitsorganisation" ILO definiert als relative Armutsgrenze die Hälfte des durchschnittlich verfügbaren Netto-Einkommens. Armut bedroht den Selbstwert, verschlechtert Ernährung, Gesundheit und Chancen.

Kinder reicher Leute erhalten eher Nachhilfe, können häufiger private Schulinternate besuchen, kostspielige Hobbys pflegen, Auslandsaufenthalte absolvieren und neigungsgemäß studieren.

Im Jahr 2000 lebten in Deutschland etwa 50 % aller 6- bis 17-Jährigen in Haushalten mit einem Nettoeinkommen unter 2000,– €. Von den 3 Millionen SozialhilfeempfängerInnen des Jahres 2000 waren sogar etwa 1 Million Kinder und Jugendliche.

Müssen die Eltern mal einen Kauf zurückstellen, kann ein 7-Jähriges durchaus folgern: „Wir sind also arm." Das selbe Kind mag ein anderes Mal daraus, dass beim Einkauf wieder viel Geld an die Kassiererin gegeben wird, schließen, die Familie sei doch reich.

Erst ältere Kinder erkennen ihre Armut deutlicher und schildern dann traurig, was andere sich leisten können:

„Die haben so tolle Fahrräder und kriegen alles, was die nur wollen." Aber sie nehmen diese Verhältnisse noch als gegeben hin. Kennen Sie etwa neidische Blicke fröhlicher Kinder aus einem Klapper-Kombi auf voluminöse Luxuslimousinen?

Solidarität? Bei der Elternversammlung bat die Klassenlehrerin, den Kindern nicht so arg unterschiedlich viel Taschengeld zum Ausflug mitzugeben. Da sie keinen Betrag nannte, diskutierten die Eltern selbst die beabsichtigten Beträge. Die Unterschiede waren erheblich.

Der Vorschlag, alle Ausflugsgelder zusammenzulegen und gleichmäßig zu verteilen, fand allerdings keine Zustimmung. Die Elternschaft einigte sich dann auf einen gemeinsamen Richtbetrag.

Ältere Jugendliche und junge Erwachsene wandeln ihren Armutsfrust manchmal in politisches Engagement oder enormen Fleiß.

Hängen sie hingegen lediglich unrealistisch überzogenen Berufswünschen und Einkommenserwartungen nach, drohen viele herbe Enttäuschungen.

Unter den Auszubildenden der knapp 400 Ausbildungsberufe sind gegenwärtig die Gerüstbauer mit rund 900,– € die Spitzenverdiener, FriseurInnen erhalten keine 300,– €. Welche Gerechtigkeit können Auszubildende dahinter erkennen? Umso mehr erstaunt ein Befund der Untersuchung Yablonskys: Für mehr als 3/4 aller Befragten spielte das zu erwartende Einkommen bei der Wahl des Berufes noch keine Rolle, später allerdings wird es wichtiger.

Kinder entdecken abgerissene Bettler auf der Straße und sehen müßiggehende Millionäre im Fernsehen. Auch wenn sie wissen, daß die Leute unterschiedlich viel Geld verdienen, verstehen sie weder weshalb, noch wieviel.

Fragen Sie einfach nach: „Kind, wieviel verdient ein Millionär? Und unsere Frau Doktor? Und wieviel Geld hat der Mann an der Tankstelle? Und Tante Helga? Und ein Bettler? Und wieviel haben wir?"

Wahrscheinlich unterschätzen Ihre jüngeren Kinder das Familieneinkommen immens, oftmals geben sie nicht einmal ein Zehntel an. Das notwendige Abstraktionsvermögen, Netto und Brutto zu unterscheiden, wird erst ab etwa 12 Jahren ausgebildet.

Selbst junge Erwachsene verkennen manchmal die Folgekosten, z. B. für Sprit, Versicherungen, Reparaturen, Reifen, etc. des Autos. Der ADAC rechnete vor, daß kaum ein Auto für unter etwa 250,– € monatlich betrieben werden könne.

Der amerikanische Psychotherapeut und Soziologe *Lewis Yablonsky* (1992) erfragte die finanziellen Einstellungen von 410 Personen und fand fünf Geldtypen:

- ca. 25 % mit Einkommen, Einfluss und Erfolg durchgehend Zufriedene, meist Familienmenschen
- ca. 25 % planende Realisten, die auch einmal mühsam auf ein Ziel hin arbeiten
- ca. 20 % kühle Karrieristen, die ehrgeiziges Berufsleben und privates Leben entschieden trennen
- ca. 15 % Ellenbogen-Karrieristen, die sich bis zur Selbstschädigung durchsetzen
- ca. 15 % Unersättliche, die nie mit dem Erreichten zufrieden sind.

Erstaunlicherweise hingen die Einstellungen nicht mit der Einkommenshöhe zusammen. In allen Einkommensklassen gab es ähnlich viele Zufriedene wie Unersättliche: Man bemesse sein Glück eben nicht absolut, sondern relativ an der Bezugsgruppe.

Listen Sie mal Ihr Budget auf:

„Ja, da läppert sich schon was zusammen. Das Meiste bringen wohl die Gehälter. Sparzinsen kriegen wir kaum. Und auch die jährliche Steuerrückerstattung bringt wenig. Aber die Miete für das geerbte Häuschen vom Schwiegervater ist schon was. Meine Stieftochter kriegt sogar noch eine Halbwaisenrente von ihrer verstorbenen Mutter und deren Eltern legen für das Reiten und alle Reisen noch immer kräftig was dazu. Fast die ganze Rente von meinem Vater, den wir zu Hause haben, und auch das Pflegegeld laufen über unser Konto.

Demnächst bekommen wir eine Kapital-Lebensversicherung ausgezahlt, die geht dann in die Ausbildungen der Kinder. Vielleicht kriegen die ja auch ein bißchen BAFöG. Für ein Stipendium wird's wohl keinem reichen.

Mein Mann kriegt private Rabatte auf dienstliche Flugmeilen, das ist gut für's Urlaubs-Budget. Und meine Übungsleiterpauschale vom Volleyball-Training ist mein Taschengeld."

Laut Warenkorb des Statistischen Bundesamtes entfallen in durchschnittlichen Haushalten gut 20 % der Ausgaben auf Ernährung inkl. Tabakwaren, knapp 20 % auf Miete, mehr als 15 % auf Verkehr und Telekommunikation, knapp 10 % auf Bildung und Freizeit, unter 10 % auf Bekleidung und weniger als 10 % auf Möbel und Hausgeräte.

Ratespiel für Eltern(-teil) mit Kindern, die älter als 10 sind. Kalkulieren Sie die tatsächlichen Budgetbeträge auf einem Extrablatt durch, bis alles stimmt. Legen Sie dann eine Liste mit allen Budgets ihres Haushalts an. Links davor lassen Sie eine Spalte frei für die tatsächlichen Beträge, rechts fügen Sie für die Schätzungen der Kinder weitere Spalten hinzu.

Eingangsfrage: „Wie viel Geld haben wir insgesamt, jeden Monat, für alles?" Nach Schätzung aller Kinder nennen Sie den tatsächlichen Betrag. Wahrscheinlich bewirkt bereits diese erste Berichtigung Staunen.

Dann lesen Sie alle Ausgabegruppen vor und fragen einzeln: „Wie viel, schätzt ihr, brauchen wir für Folgendes?“ Haben die Kinder geschätzt und eingetragen, setzen Sie den tatsächlichen Durchschnittsbetrag davor. Regel: Wer am dichtesten am tatsächlichen Wert liegt, darf bei der nächsten Frage als Letzter raten.

Vielleicht orientieren Sie sich an der folgenden Aufteilung.

- Gesamteinkommen: alle Gehälter brutto, Erträge und Kapital
- Abgaben: Steuern, Sozialabgaben, Versicherungen
- Wohnen: Miete/Abzahlung, Heizung, Wasser, Strom
- Ernährung: Essen, Getränke, Genussmittel, Süßigkeiten
- Kleidung: Mützen, Schuhe
- Verkehr: Sprit, Abschreibung und Fixkosten, ÖPNV
- Kommunikation: Telefon, Internet, Briefmarken
- Verbrauch: Von Klopapier über Waschpulver bis Glühbirnen
- Medien: Radio, TV, Video
- Kultur: Zeitung, Bücher, Kino, VHS, Konzerte, CDs
- Verpflichtungen: Alimente, Raten, Kirche, Vereine, Spenden
- Sonstiges: Geschenke, Anschaffungen etc.
- Rücklagen: Geldanlagen, Urlaub
- Kinderextras: Kurse, Ferien, Ausbildungssparen
- Taschengeld: für Elternteile und Kinder

Die allermeisten Leute sparen zugleich in Sparbüchern, mit speziellen Sparverträgen und auf dem Girokonto. Die *Deutsche Bank 24* erfragte 1999 die Gründe:

42 % der Befragten sparten für Reise und Urlaub, 41 % für Notgroschen, 34 % für eine Altersrücklage, 27 % für unbestimmte Zwecke, 24 % für eine Wohnung oder ein Haus, 23 % für Einrichtung, Möbel, 21 % für ein Auto,

16 % für die Ausbildung der Kinder, 16 % für Kleidung, 8 % zwecks Zinsertrag, 8 % für die eigene Weiterbildung, 7% für eine Hobby-/Sport-Ausrüstung, 6 % für Stereo, TV, 2 % für eine Geschäftsgründung, 1 % für ein Moped/ Fahrrad.

Und wie verteilen sich die Sparbeträge bei Ihnen?

Die kommende Generation wird verschiedene, aber unregelmäßige Einnahmen und Ausgaben zu verwalten haben. Das Technische mögen Computer und die Girobanken übernehmen. Planung und Auswertung der Budgets aber werden weiterhin persönliche Wertentscheidungen erfordern. Und die werden zu Hause ausgebildet.

Vorbild, Beteiligung und Gespräch bleiben unersetzlich. Jugendliche merken sich genau, welche Bezugspersonen erst bei Notwendigkeit Ersatzbeschaffungen tätigen, z. B. wenn der Fotoapparat unreparabel beschädigt ist. Sie sehen genau, wer sich alljährlich eine neue Modebrille zulegt. Sie hören genau, welche Argumente für z. B. neue Sessel zählen, obgleich die alten auch noch passabel aussehen. Sie registrieren exakt, ob die Eltern Kugelschreiber vom Arbeitsplatz zu Hause ansammeln. Und sie übernehmen den leichtfertigen Elternspruch „Das zahlt schon die Versicherung" sofort.

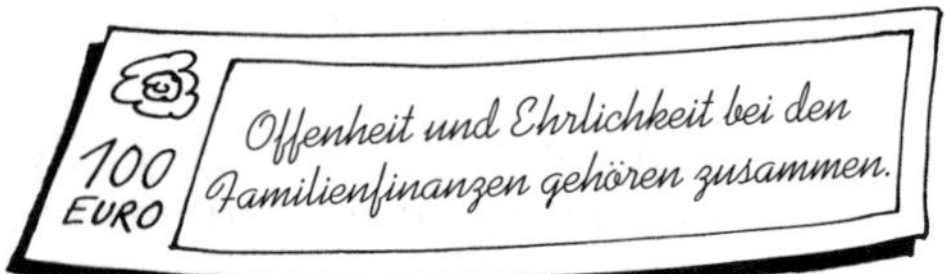

Selbstständigkeit

Finanzkompetenz brauchen jeder Mann und jede Frau. In Betrieben führen Frauen und Männer die Bücher und Kassen gleichermaßen. Und privat sichert sich zunehmend jede Person möglichst eigenständig ab.

Es ist wohl von Kindheit an Ausdruck von Persönlichkeit, wie man seine diversen Einnahmen verwaltet und nutzt. Jedes zweite 7- bis 9-jährige Kind gibt sein Taschengeld bereits völlig selbstständig aus, kleidet sich weitgehend wie selbst gewünscht und bestimmt schon die Einrichtung seines Zimmers mit.

Viel Geld geht direkt oder indirekt in die Freizeitaktivitäten. Absoluter Freizeitrenner ist in den Angaben von Kindern und Jugendlichen das Zusammensein mit Freunden. Etwas weniger attraktiv sind Musikhören und Filmeansehen. Doch auch Gesellschaftsspiele, Malen und Zeichnen, Lego bei den Jüngeren und Lektüre bei den Älteren stehen hoch im Kurs. Metallbaukästen sind ziemlich out, Skating ist in. Mit Tieren beschäftigen sich nach wie vor etwa die Hälfte aller Kinder und Jugendlichen gerne.

Zeit fressende Kreativhobbys wie Basteln und Airbrushing werden seltener gepflegt. Fotografie wird eher beiläufig und das Computern nur manchmal ernsthaft und intensiv betrieben.

Beim Sport und Musizieren differenzieren sich die Vorlieben, der Aufwand und die Investitionssummen beträchtlich.

Ich rate, nicht alle Energie in die Schule zu stecken, sondern auch die außerschulischen Interessen aufmerksam zu fördern und im Hinblick auf spätere Hobbys finanziell zu unterstützen.

Jede Generation muss ihren typischen Lebensstil selbst ausbilden, organisieren und bewältigen. Altbekannte Finanzfragen mögen anders zu entscheiden sein als dreißig Jahre zuvor:

Weiterhin quälender Schulbesuch oder erst mal Auslandsaufenthalt? Für den nächsten PKW ansparen oder später leasen? Gegen alle Eventualitäten versichern, so hoch man kann? Weshalb hart für ein Häuschen arbeiten, wenn man den Wohnort ohnehin mehrfach wird wechseln müssen? Absolute Güter- und Kontentrennung, weil Alkohol- oder Kaufsucht des Partners alles ruinieren könnten? Vorsichtshalber so leben, dass im Notfall das Sozialamt zwar zahlen müsste, aber nicht kontrollieren könnte? Angesichts zu erwartender Rentenprobleme jetzt schon das eigene Alter zusätzlich absichern, oder erst einmal besser leben?

Nach dem Geld drängt und am Geld hängt nicht alles, doch Vieles. Jede Entscheidung für etwas scheidet zugleich von Anderem. Je teurer das neue Familienfahrzeug, desto weniger Geld bleibt für die Urlaubsfahrten damit. Freiheit durch Verzicht also? Oder umgekehrt gefragt: Weniger, das aber intensiver?

Finanzielle Selbstständigkeit erfordert mehr als bloßen Umgang mit Geld. Denn:

Literatur

Arndt, K. (1997): Geld fällt nicht vom Himmel. Wie Kinder lernen, mit Geld umzugehen. Ravensburger, Ravensburg

Bundestag, Drucksache 12/3333 vom 30.09.1992

Claar, A. (1996): Was kostet die Welt? Wie Kinder lernen, mit Geld umzugehen. Springer, Berlin

Claar, A. (1990): Die Entwicklung ökonomischer Begriffe im Jugendalter. Springer, Berlin, Heidelberg

Egmont for Kids (März 2000): Branchenreport Süßwaren. Egmont Ehapa Verlag, Stuttgart

Frank, M., Seidel, F., Kopitzke, O. (2000): Jobben für Natur und Umwelt. 4. Aufl. Interconnections, Freiburg

Goebel, J., Clermont, C. (1997): Die Tugend der Orientierungslosigkeit. Volk und Welt, Berlin

Gottschalk, G. J. (1999): Immobilienwertermittlung. Wertermittlungsverfahren – Mathematische Formelsammlung. C. H. Beck, München

Hennig, A., Georg, B. (2000): Online Brokerage. Online Aktien handeln und Geld verdienen. Data Becker, Düsseldorf

Kübler, S., Stempel, H., Ripens, M. (1986): Kuchen für alle. Orell Füssli, Zürich und Schwäbisch Hall

Liebenow, H. (1999): Konsequenz – Wie Eltern lernen,was Kinder brauchen. Rowohlt, Reinbek

Naumann, F. (1995): Die schnelle Mark. Rowohlt, Reinbek

Neiser, B. (2000): Max macht Mäuse. Der Geld-Ratgeber für Kinder. Moses, Kempen

Piper, N. (1998): Felix und das liebe Geld. Roman vom Reichwerden und anderen wichtigen Dingen. Beltz & Gelberg, Weinheim, Basel

Pressler, M. (1976): Nickel Vogelpfeifer. Beltz und Gelberg, Weinheim

Stiftung Verbraucherinstitut (Hg) (1997): Materialien für den handlungsorientierten Unterricht. Berlin

Verlagsgruppe Lübbe u. a. (Hrsg.): KVA 2000. KidsVerbaucher-Analyse. Bergisch Gladbach

Wunsch, A. (2000): Die Verwöhnungsfalle. Für eine Erziehung zu mehr Eigenverantwortlichkeit. 4. Aufl. Kösel, München

Yablonsky, L. (1992): Der Charme des Geldes. Edition Humanistische Psychologie, Köln

Zarlenga, S. (1999): Der Mythos vom Geld – die Geschichte der Macht. Conzett, Zürich

E. Richter / W. Brügge / K. Mohs
Wenn ein Kind anfängt zu stottern

Dieses Buch wendet sich an alle Eltern, die sich Sorgen über Unflüssigkeiten im Sprechablauf ihres Kindes machen und gibt Informationen über Stottern und andere Redeflussstörungen für alle, die Kinder im Vorschulalter oder in der Grundschule betreuen. In einem zusätzlichen Kapitel über den Verlauf der Sprachentwicklung des Kindes wird dargestellt, wie Eltern die Sprachentwicklung ihres Kindes unterstützen können.

Ratgeber für Eltern und Erzieher

(„Kinder sind Kinder"; 2)

3., neu bearb. Auflage 1998
75 S. 7 Abb. 1 Tab.
(3-497-01450-8) kt

Beate Lohmann
Müssen Legastheniker Schulversager sein?

Das Bändchen stellt eine Einführung in das Problemfeld Legasthenie dar. Es eignet sich vor allem für betroffene Eltern, die die Schwierigkeiten ihrer Kinder zweifellos wiedererkennen werden. Eine falsche Einschätzung des Phänomens Legasthenie kann das Schul- und Berufsleben deutlich beeinträchtigen. Eltern und Schule müssen die andersartige Entwicklung dieser Kinder erkennen und ihre speziellen Begabungen fördern lernen.

(„Kinder sind Kinder"; 6)

3., aktual. Auflage 1997
109 S. 12 Abb.
(3-497-01422-2) kt

Ernst Reinhardt Verlag • München Basel
E-Mail: info@reinhardt-verlag.de
http://www.reinhardt-verlag.de

E. Richter / W. Brügge / K. Mohs
So lernen Kinder sprechen

Die normale und die gestörte Sprachentwicklung

(„Kinder sind Kinder"; 9)

4., völlig neu bearb. Aufl. 2001
89 S. 6 Abb. 3 Tab.
(3-497-01587-3) kt

Viele Kinder zeigen im Verlauf ihrer Sprachentwicklung Auffälligkeiten im Satzbau oder in der Lautbildung. Doch wie lange darf ein Kind Fehler beim Sprechen machen? Dieses Buch gibt Eltern und ErzieherInnen einen Überblick über den Verlauf der normalen Sprachentwicklung und erläutert die dazu notwendigen Voraussetzungen. Mögliche Störungen werden aufgezeigt und erklärt. Die AutorInnen geben Anregungen, wie Eltern die Sprachentwicklung ihres Kindes unterstützen und fördern und wie sie fachliche Beratung und Therapie finden können.

Franz J. Mönks / Irene H. Ypenburg
Unser Kind ist hochbegabt

Ein Leitfaden für Eltern und Lehrer

(„Kinder sind Kinder"; 14)

3. Aufl. 2000
89 S. 6 Abb.
(3-497-01461-3) kt

Zum Thema Hochbegabung besteht ein großes Nachholbedürfnis und ein beträchtlicher Informationsrückstand. Ist Hochbegabung schon im frühen Kindesalter zu erkennen? Sind hochbegabte Kinder problematisch? Wie können Erziehungs- und Schulprobleme vermieden werden? Der Band gibt Antworten und praktische Hilfen für Eltern und Lehrer.

Ernst Reinhardt Verlag • München Basel
E-Mail: info@reinhardt-verlag.de
http://www.reinhardt-verlag.de

Karl E. Dambach
Mobbing in der Schulklasse

Viele Kinder können besser „austeilen" als einstecken – das wissen Eltern und Lehrer nur zu gut. Wo aber wird das Austeilen zur Ausgrenzung? Wo beginnen Psychoterror und Mobbing? Karl E. Dambach zeigt die typischen Verhaltensmuster, die bereits in der Schule gelernt und eingeübt werden. Er erläutert, wie das Verhalten von Außenseitern bzw. Mobbingopfern verstanden werden kann und gibt konkrete Hinweise, was der Lehrer im Unterricht zur Verbesserung des Sozialverhaltens tun kann.

(„Kinder sind Kinder"; 15)

2., überarb. u. erw. Auflage 2002
115 Seiten
(3-497-01588-1) kt

Daniela Arbter-Öttl
Mein Kind schläft – endlich!

Ausgehend von den neuesten Erkenntnissen zum kindlichen Schlafverhalten zeigt dieses Taschenbuch, welche Regeln aufgestellt werden müssen und wie man sie umsetzen kann. Das Besondere an diesem Ratgeber ist, dass nicht eine bestimmte Methode (z. B. Minutenzählen) favorisiert wird, sondern verschiedene Ansätze zur Behandlung von massiven Schlafproblemen geschildert und die jeweiligen Vor- und Nachteile aufgezeigt werden.

(„Kinder sind Kinder"; 16)

2000
155 S. 13 Abb.
(3-497-01522-9) kt

Ernst Reinhardt Verlag • München Basel
E-Mail: info@reinhardt-verlag.de
http://www.reinhardt-verlag.de

Christine Hagemann / Ingrid Börner
Montessori für Vorschulkinder

(„Kinder sind Kinder"; 17)

2000
108 S. 22 Abb.
(3-497-01541-5) kt

Mit dem Ansatz von Maria Montessori können Kinder gezielt und gleichzeitig kindgemäß auf die Schule vorbereitet werden. Wie lassen sich die Montessori-Materialien im Kindergarten zur Schulvorbereitung einsetzen? Welche Fähigkeiten kann man damit fördern? Das vorliegende Buch beantwortet diese Fragen, indem es in Maria Montessoris Pädagogik grundlegend einführt. In einem ausführlichen Praxisteil zeigen die Autorinnen, wie man die Schulvorbereitung für Kinder von fünf und sechs Jahren mit Montessori-Material im Kindergarten gestalten kann.

Mauri Fries
Unser Baby schreit Tag und Nacht

Hilfen für erschöpfte Eltern

(„Kinder sind Kinder"; 18)

2002
124 Seiten
(3-497-01599-7) kt

Manche Babys schreien sehr häufig und scheinbar ohne Grund. Dies ist oftmals eine große Belastung für die Eltern. Die Autorin macht Eltern auf die vielfältigen Signale ihres Babys aufmerksam, damit die „Verständigung" mit dem Baby leichter wird. Viele praktische Hinweise, wo man professionelle Hilfe findet, und wie sich Selbsthilfe mit fachlicher Hilfe koordinieren lässt, runden diesen Ratgeber ab.

Ernst Reinhardt Verlag • München Basel
E-Mail: info@reinhardt-verlag.de
http://www.reinhardt-verlag.de